U0910193

国家智库报告 2016（19）
National Think Tank
法　治

# 文化传媒法治建构研究

陈根发　著

A STUDY OF CONSTRUCTING CULTURE MEDIA LAW

中国社会科学出版社

**图书在版编目(CIP)数据**

文化传媒法治建构研究／陈根发著．—北京：中国社会科学出版社，2016.5
（国家智库报告）
ISBN 978-7-5161-8208-6

Ⅰ.①文… Ⅱ.①陈… Ⅲ.①传播媒介—法律—研究—中国 Ⅳ.①D922.164

中国版本图书馆 CIP 数据核字（2016）第 103956 号

出 版 人 赵剑英
责任编辑 王 茵
特约编辑 王 琪
责任校对 李 莉
责任印制 李寡寡

出 版 中国社会科学出版社
社 址 北京鼓楼西大街甲 158 号
邮 编 100720
网 址 http://www.csspw.cn
发 行 部 010-84083685
门 市 部 010-84029450
经 销 新华书店及其他书店

印刷装订 北京君升印刷有限公司
版 次 2016 年 5 月第 1 版
印 次 2016 年 5 月第 1 次印刷

开 本 787×1092 1/16
印 张 10.25
插 页 2
字 数 158 千字
定 价 45.00 元

**摘要：**本研究报告采用历史唯物主义和辩证唯物主义研究方法，分析我国现存的文化传媒法治中存在的理论和实践问题，提出完善我国文化传媒法治的若干建议。笔者在调查研究的基础上，总体上认为：第一，从文化传媒法的渊源——宪法、法律、法规、规章、地方法规、司法解释和指导性案例看，我国已经形成有一个中国特色的“文化传媒法”体系。虽然这一法律体系中法律数量少，法规、规章和司法解释多，但是调整文化和传媒产业的所有规范已经基本具备，并体现出了较强的灵活性和先进性。西方有些国家虽然在形式上拥有众多文化传媒方面的法律和案例，但其无边无际、浩如烟海的解释和争论，实际上在很大程度上削弱了文化传媒法的功能和意义。第二，我国的文化传媒法治研究存在着脱离国情和缺乏体系性的问题。其原因是多方面的，其中既有客观上我国文化传媒法领域缺少诸如新闻法、出版法、网络法、电影法等主要法律的原因，也有学者在梳理和提炼我国文化传媒法时看不见或找不到中国特色文化传媒法体系等方面的原因。因此，如何在现有条件下，把零散的文化传媒法律条文、法规、规章等统合分类，结合司法实践经验和法理并上升到中国社会主义文化传媒法治体系的理论高度，就成了当代文化传媒法治工作者的一个重要课题了。第三，在建构我国文化传媒法治体系的过程中，应该借鉴国外的有益经验，但是不能脱离我国的国情和社会主义法治理念。

本报告共分五个部分：导论；文化传媒法体系与文化传媒法学；文化传媒侵权犯罪的理论与实践；我国网络法的理论与实践；我国广播电影电视法的理论与实践。各部分之间具有一定的连接点和交叉点，一起构成我国当代文化传媒法治主要理论和实践问题的调查研究。

**关键词：**文化传媒法；侵权；犯罪；网络法；广播电影电视法

**Abstract**: This research paper, adopting historical materialism and dialectical materialism research methods, aims to analyze the theoretical and practical questions regarding the rule by law in the domain of culture and media, and proposes several suggestions regarding this subject. Based on the investigation and study, the author's opinion in general listed as follows: Firstly, from the perspective of the source of Culture Media Law, which contains constitution, laws and regulations, rules, local statutes and the guiding cases, the system of Culture Media Law with Chinese characteristics has already been established. Although the laws just take a small party in this system, the norms which could adjust the industry of culture and mass media are equipped already with strong flexible and advanced nature. Some western countries literally own numerous laws and guiding cases in the area of culture and media, however, it cuts the functions and senses of Culture Media Law in the practice when facing boundless explanations and numerous arguments. Secondly, there are defects in the study of the rule by law in the domain of Culture Media, such as lack of the consideration of the national conditions, lack of the consideration of system. The reasons of these defects are various. For instance, this system is still short of the principal laws, such as Press Law, Publication Law, Internet Law, Film Law; sometimes, the scholars neglect the system of Culture Media Law with Chinese characteristics when they reorganize and abstract the laws of Mass Media. Therefore, the professionals in this major should focus on an important subject, which is how to integrate and sort the laws, regulations and rules under the existing conditions, in addition, how to bring them into the theoretical level of Chinese Socialism law of culture and media considering the juridical practices and jurisprudence in the current situation. Thirdly, it is necessary to draw useful experiences from foreign countries in construction of the rule by law in the domain of culture and media, without neglecting national conditions and socialist idea of rule by law.

This paper contains five chapter: Chapter Ⅰ Introduction; Chapter Ⅱ Culture Media Law system and Culture Media Law theory; Chapter Ⅲ The theory and practice of Culture Media crime and tort; Chapter Ⅳ The theory and practice of Internet Law; Chapter Ⅴ The theory and practice of the law of radio, film and television. Each chapter has the connection and intersection with the others, which consists this investigation and study of main theories and practical issues regarding the rule by law in the domain of Culture Media.

**Key Words**: Culture Media Law; Tort; Crime; Internet Law; the Law of Radio, Film and Television

# 目　　录

# 一　导论

## （一）传媒法学的多样性

我国的传媒法研究和教学只有十几年的历史，作为法学学科的传媒法学尚处在形成和建构当中，加上新闻法、出版法、网络法、电影法等重要法律的缺失，因此可以说，在我国尚未形成一个成熟的、规范的传媒法体系和传媒法学体系。正因为如此，传媒法的理论与实践问题研究成了传媒法学者竞相展开和交流的热点课题之一。我国传媒法的理论与实践问题的形成虽然稍晚于英、美、日、德、法等西方发达国家，但是，进入21世纪以来，在中国共产党的“三个代表”重要思想，特别是“代表着中国先进文化的前进方向”思想的贯彻和引导下，正在蓬勃兴起和发展，在性质上具有鲜明的社会主义文化传媒法的特征。在国外，冠名以“文化法”的研究和著作不多，大多学者由于学术习惯的原因，将这一包括文化法和传媒法在内的法律群和研究称作“大众传播法”“传播法”或“传媒法”。虽然英、美、日、德、法等国家已经形成了比较庞大的有关文化、传媒的法律群，但是在文化法和传媒法的理论与实践中，或是强调某一民族文化的普适性，或是鼓吹“多元”“多样性”而忽视了主流和先进文化价值观。

在我国的法律理论和实践领域，对于规范文化和传媒领域的法律或法制有不同的称呼。以往在文化部的文件和活动中，习惯于称其为“文化法”或“文化法制”。在广电总局、新闻出版总署系统的文件和研讨中，习惯上将包括文化法和传媒法在内的法律群统称为“传媒法”或“传播法”，2004年北京广播学院更名为“中国传媒大学”也是基于这一背景。在法律编纂中，有的学者和专家将包括文化法和传媒法在内的法律群做成了《新编文化传媒法小全书》（法律出版社2007年版），有的则将其做成了

《中华人民共和国传媒法典》（法律出版社 2008 年版）。笔者认为，鉴于我国文化法和传媒法理念上的先进性，文化法和传媒法紧密连接、不可分离的特点，及在文化产业中的“文化传媒有限责任公司”等冠以“文化传媒”的说法已经成为习惯用语，因此将包括文化法和传媒法的法律群统称为“文化传媒法”比较符合我国的国情。本报告在考察众多学说的基础上，建议将文化法和传媒法结合起来建构一个“文化传媒法”体系。这样，不仅在国内能够克服有关行政部门单一使用“文化法制”所带来的脱离“文化传媒”产业的弊病，而且在国际上也能够与另一片面倾向的“大众传播法”或“传播法”相比较而突出我国社会主义先进文化传媒法的特点。

### （二）本报告的主要观点

本报告在澄清传媒法概念的基础上，提出了建构我国文化传媒法律体系和文化传媒法学的主张。首先，“文化传媒法”的概念是 2007 年以后产生的学术用语，类似的概念有“文化法”“文化法制”“大众传播法”“传播法”“传媒法”“信息法”等，这些概念之间存在怎样的差异和共性本身就是一个应该澄清和界定的问题。笔者在分析诸多类似概念的渊源、内涵和外延的基础上，建议使用“文化传媒法”的提法。其次，笔者在总结《新编文化传媒法小全书》《中华人民共和国传媒法典》和名称中含有“传播法”或“传媒法”的教材著作的基础上，勾画出了一个宽容的“文化传媒法”体系的轮廓，结合实践，阐明事实和理由。再次，对中外传媒法学比较研究中存在的问题提出建议，探索新路。以往这一领域的比较研究，由于我国文化传媒法律法规的缺失和理论研究的不足，导致了介绍西方文化传媒法律和理论多、主张和肯定我国文化传媒法制经验和科学性少。笔者的研究试图改变这一消极倾向。从中、美、英、日等国的传媒法教材和著作的比较中，可以看出，美、英、日等国的教材普遍重视的内容主要有：宪法规定的言论自由或表达自由、对传媒表达自由的限制、诽谤、侵犯隐私权、对淫秽色情的管制、采访自由、新闻自由与公正审判、广告与法等问题。我国的传播法教材虽然也把宪法对言论自由的规定及限制、新闻与法治作为主要内容予以阐述，但是在对诸如诽谤、侵犯隐私权、淫秽色情的管制、广告与法等问题上缺乏深入的理论探索和实务研究，以至于目前许多大学的传媒法课程和讲座没有合适的教材可供参考，有的学校干脆把美、英等国的传媒法教材作为主要参考资料。这种拿来主义的教学方法，不仅脱离了我国文化传媒法制的国情，而且在理论指导上也出现了一定程度的混乱和偏激。笔者认为，要建立我国自己的文化传媒法学体系，并且能够与国际真正接轨，那就必须在全面分析、总结和提升我国现有文化传媒法律、法规、规章和典型案例的基础上，借鉴各国传媒法学体系的结构形式，编写出我国自己的文化传媒法学教材。

文化传媒法的研究对于我国文化和传媒产业的发展具有重大现实意义。文化和传媒产业涵盖面广，牵涉众多业务主管部门，如果没有一套科学完善系统的文化传媒法，必将阻碍文化和传媒产业的发展。目前，我国在文化传媒领域只有《文物保护法》《著作权法》《广告法》《非物质文化遗产保护法》等几部法律和相关法规、规章。大量的调整文化和传媒关系的法律，如新闻法、出版法、网络法、广播电视法、电影法、演出法、图书馆法、博物馆法、文化馆法、文化产业促进法、文化娱乐法、文化合同法等尚未制定。国务院发布的文化行政法规也比较少。2006 年年初党中央、国务院发出的《关于深化文化体制改革的若干意见》也要求健全文化法律法规和政策体系，加强文化立法，通过法定程序将党的文化政策逐步上升为法律法规。因此，有关文化传媒法的理论研究、立法研究和实践经验的总结具有重大的现实意义。

## 二　文化传媒法体系与文化传媒法学

文化与传媒是紧密相连、密不可分的。人类只有借助传媒才能进行广泛有效的沟通，只有沟通和相互交流才能创造文化，并且文化也是在传播中发展的。有的学者甚至认为“文化主要是个动词”，文化的本质就是“人化”和“化人”。① 人类文明发展到今天这样色彩斑斓的程度，如果离开了传播媒介的一系列革命性变革，几乎是不可能的，可以说“文化是传媒的灵魂，传媒是文化的翅膀”②。因此我们把文化和传媒组合起来，“文化传媒”就既有了灵魂，又有了翅膀，完全是一个顺应世界潮流的工程了。但是在以往很长一段时间里，我们并没有刻意在文化和传媒两大现象之间寻找连接点和共同体，致使文化和传媒的发展缺少了联系和联合，造成了相互隔阂。这种情况，在法律和法学领域也相当普遍和突出，即许多学者虽然提出了文化法、传媒法的概念和构思，但鲜于在文化法、传媒法的链接上和一体化上做文章，以致影响了我国文化传媒法体系的建构和发展。本部分在考察众家学说的基础上，试图在文化法和传媒法的链接和一体化上做些探索，提出“文化传媒法体系”的构想，阐述“文化传媒法学”的现实意义。

### （一）我国文化传媒法的渊源

我国一般法的渊源主要有宪法、法律、国务院制定的行政法

---

① 李德顺：《什么是文化》，《光明日报》2012年3月26日。

② 孙家正：《追求与梦想》，文化艺术出版社2007年版，第440页。

规和国务院各部委制定的部门规章、军事法规和军事规章①、地方性法规和地方政府规章、自治条例和单行条例、经济特区法规和规章②、香港和澳门特别行政区法律③、国际条约和国际惯例④、其他法律渊源（司法机关的法律解释和司法判例等）⑤。

与一般法的渊源相适应，结合我国现有文化传媒法的形式，我国文化传媒法的主要渊源有：宪法、法律、国务院制定的行政

① 我国《立法法》第 93 条第 1 款规定："中央军事委员会根据宪法和法律，制定军事法规。"第 2 款规定："中央军事委员会各总部、军兵种、军区，可以根据法律和中央军事委员会的军事法规、决定、命令，在其权限范围内，制定军事规章。"按照宪法推论，军事法规的法律地位和效力低于宪法和法律，军事规章的法律地位和效力低于宪法、法律、行政法规和军事法规。参见刘作翔主编《法理学》，社会科学文献出版社 2005 年版，第 97 页。

② 1981 年 11 月 26 日，第五届全国人大常委会第十一次会议授权广东省和福建省制定所属经济特区的各项单行经济法规。1992 年 7 月 1 日，全国人大常委会又通过决定，授权深圳市人大及其常委会和深圳市人民政府分别制定法规和规章。2000 年公布的《立法法》确认了这一法的渊源，该法第 65 条规定："经济特区所在地的省、市的人民代表大会及其常务委员会根据全国人民代表大会的授权决定，制定法规，在经济特区范围内实施。"

③ 根据全国人大制定的《香港特别行政区基本法》和《澳门特别行政区基本法》的规定，特别行政区享有高度的自治权，包括行政管理、立法权、独立的司法权和终审权，其法律渊源同中国大陆其他地区有明显不同，是两种特殊的法的渊源。参见孙国华、朱景文主编《法理学》，中国人民大学出版社 1999 年版，第 263 页。

④ 国际条约是国际法的主要渊源，但由于它对签约国有约束力，因此我国政府签约的国际条约也属于我国法的渊源之一。我国的《民法通则》等法律对国际条约和国际惯例的法律效力有明确规定。

⑤ 有些法理学教科书不把"司法机关的法律解释和司法判例"作为我国法的渊源，但是实际上我国最高司法机关对法律的解释越来越起到法的渊源的作用，最高司法机关选择、确认和公布的典型案例、指导性案例，在司法实践中也起着法的渊源的作用。参见张文显主编《法理学》，高等教育出版社 2003 年版，第 70 页。

法规和国务院有关部委制定的部门规章、地方性法规和地方政府规章、自治条例和单行条例、香港和澳门特别行政区法律、国际条约和国际惯例、其他法律渊源（如司法机关的法律解释和司法判例等）。军事法规和军事规章、经济特区法规和规章，由于它们高度专业的军事性、经济性，一般很少涉及文化传媒法律问题，因此一般不属于文化传媒法的主要渊源。

**1. 宪法**

宪法是我国法的最高层次的渊源，当然也是文化传媒法的最高渊源。我国《宪法》涉及文化传媒的规定主要有第22条“文化事业”、第24条“精神文明”、第35条“基本政治自由”、第36条“信仰自由”、第38条“人格尊严权及保护”、第51条“公民自由和权利的限度”、第52条“维护国家统一和民族团结的义务”、第54条“维护祖国的安全、荣誉和利益的义务”等条款。

在整个文化传媒法的渊源中，文化传媒法的宪法渊源具有两个突出的特性：第一，具有宏观指导性和方向性。如《宪法》第22条中规定：“国家发展为人民服务、为社会主义服务的文学艺术事业、新闻广播电视事业、出版发行事业、图书馆博物馆文化馆和其他文化事业，开展群众性的文化活动。”这是关于我国新闻出版广播电视事业的指导性和方向性规定。《宪法》第24条中规定：“国家提倡爱祖国、爱人民、爱劳动、爱科学、爱社会主义公德，在人民中进行爱国主义、集体主义和国际主义、共产主义的教育，进行辩证唯物主义和历史唯物主义的教育，反对资本主义的、封建主义的和其他的腐朽思想。”这对我国文化传媒法治的发展具有纲领性的指导意义，明确了我国文化传媒法治的方向。第二，具有权利和义务相结合的不可分割性。如《宪法》第35条规定：“中华人民共和国公民享有言论、出版、集会、结社、游行、示威的自由。”这里有公民言论、出版自由等广泛的文化传媒权利的规定，可以进一步引申到法治社会的表达自由原则。但同时《宪法》第51条规定："中华人民共和国公民在行使自由和权利的时候，不得损害国家的、社会的、集体的利益和其他公民的合法的自由和权利。"这就从另外一个层面规定了文化传媒权利特别是表达自由的界限，即公民在从事文化传媒等活动时不得超出"言论自由的范畴"①。

2. **法律**

我国的《民法通则》《侵权责任法》《著作权法》《广告法》《文物保护法》《消费者权益保护法》《国家通用语言文字法》《刑法》《治安管理处罚法》《合同法》《民事诉讼法》《行政诉讼法》《行政许可法》《行政复议法》《行政处罚法》《保守国家秘密法》等法律中的许多条款是文化传媒法的直接渊源。

《民法通则》第94条"著作权"、第99条"姓名权、名称权"、第100条"肖像权"、第101条"名誉权"、第118条"侵犯知识产权的民事责任"、第120条"侵害人格权的民事责任"等条款，《侵权责任法》第15条"承担侵权责任的方式"、第36条"网络用户、网络服务提供者的侵权"等条款，《著作权法》第2条"著作权范围"、第3条"作品"、第10条"著作权内容"、第46条"侵犯著作权的民事责任"、第47条"民事、行政、刑事责任"、第48条"侵权赔偿"等条款，《广告法》第3条"广告真实、合法"、第4条"不得含有虚假内容"、第7条"内容一般要求与禁止性广告行为"、第34条"广告审查"、第37条"虚假宣传责任"、第38条"虚假广告责任"、第47条"侵权责任"等条款，《文物保护法》第2条"文物的种类"、第3条"文物保护单位和文物的级别"、第5条"文物的所有权"、

① 2009年12月北京市中级人民法院在判决刘晓波"煽动颠覆国家政权罪"时指出："本案庭审查明的事实和证据，已充分证明刘晓波利用互联网的传媒特点，在互联网上发表诽谤性文章的方式，实施煽动颠覆我国国家政权和社会制度的行为，刘晓波的行为显已超出言论自由的范畴，构成犯罪。"参见北京市（2009）一中刑初字第3901号《刑事判决书》。

第28条“考古发掘计划的报批”、第36条“文物馆藏”、第5条“民间收藏与流通”、第64条“文物犯罪”、第65条“民事责任与行政责任”等条款，《消费者权益保护法》第25条“禁止侵犯消费者人身权”、第43条“侮辱、诽谤消费者的民事责任”等条款，《国家通用语言文字法》第5条“使用的原则”、第8条“语言文字自由”、第11条“汉语文出版物”、第12条“播音用语”、第14条“基本用语用字”等条款，对文化传媒的权利和义务做出了界定和限制，在文化传媒法的渊源中占有总则性和原则性的地位。

《刑法》第103条“煽动分裂国家罪”、第105条“煽动颠覆国家政权罪”、第181条“编造并传播证券、期货交易虚假信息罪”、第217条“侵犯著作权罪”、第221条“损害商业信誉、商品声誉罪”、第222条“虚假广告罪”、第246条“侮辱罪、诽谤罪”、第250条“出版歧视、侮辱少数民族作品罪”、第363条“制作、复制、出版、贩卖、传播淫秽物品牟利罪”、第364条“传播淫秽物品罪”等条款，则规定了涉及文化传媒犯罪的要件和处罚，从刑法角度对文化传媒的自由和权利做出了限制。《治安管理处罚法》第24条“扰乱文化、体育等大型群众性活动秩序的行为及处罚”、第25条“扰乱公共秩序的行为及处罚”、第27条“利用封建迷信、会道门进行非法活动的行为及处罚”、第28条“干扰无线电业务及无线电台（站）的行为及处罚”、第29条“侵入、破坏计算机信息系统的行为及处罚”、第38条“对违反安全规定举办大型活动的处罚”、第40条“对恐怖表演、强迫劳动、限制人身自由的处罚”、第42条“对侵犯人身权利六项行为的处罚”、第44条“对猥亵他人和公共场所裸露身体的处罚”、第47条“对煽动民族仇恨、民族歧视的处罚”、第48条“对侵犯通信自由的处罚”、第55条“对非法集会、游行、示威的处罚”、第68条“对传播淫秽信息的处罚”、第69条“对组织、参与淫秽活动的处罚”等条款，则规定了涉及文化传媒非法活动的要件和治安处罚，从治安管理角度对文化传媒的自由和权利做出了规制。

《合同法》是平等的文化传媒主体之间设立、变更、终止权利义务关系的法律依据。《民事诉讼法》和《行政诉讼法》是文化传媒诉讼的主要法律依据。《行政许可法》《行政复议法》《行政处罚法》等法律则是有关机关处理文化传媒的行政许可和纠纷的主要法律依据。《保守国家秘密法》① 则是所有新闻媒体都必须遵守的保密规定。

**3. 国务院制定的行政法规和国务院有关部委制定的部门规章**

我国文化传媒法的渊源中，虽然法律的数量较少，但却存在着数量可观的行政法规和部门规章，这可以说是我国文化传媒法的一大特色。国务院制定的文化传媒行政法规主要有《广告管理条例》（1987 年）、《法规汇编编辑出版管理规定》（1990 年）、《卫星电视广播地面接收设施管理规定》（1993 年）、《计算机信息系统安全保护条例》（1994 年）、《地图编制出版管理条例》（1995 年）、《计算机信息网络国际联网管理暂行规定》（1996 年）、《广播电视管理条例》（1997 年）、《广播电视设施保护条例》（2000 年）、《电信条例》（2000 年）、《互联网信息服务管理办法》（2000 年）、《音像制品管理条例》（2001 年）、《集成电路布图设计保护条例》（2001 年）、《电影管理条例》（2001 年）、《出版管理条例》（2001 年）、《印刷业管理条例》（2001 年）、《计算机软件保护条例》（2001 年）、《著作权法实施条例》（2002 年）、《文物保护法实施细则》（2003 年）、《著作权集体管理条例》（2004 年）、《国务院关于加强文化遗产保护的通知》（2005 年）、《信息网络传播权保护条例》（2006 年）、《长城保护

---

① 《保守国家秘密法》第 20 条明确规定："报刊、书籍、地图、图文资料、声像制品的出版和发行以及广播节目、电视节目、电影的制作和播放，应当遵守有关保密规定，不得泄露国家秘密。"

条例》（2006 年）、《政府信息公开条例》（2007 年）、《历史文化名城名镇名村保护条例》（2008 年）等。这些行政法规基本涵盖了我国文化传媒管理的所有方面，是文化传媒管理的最高规范，在文化传媒法中占有较大的比重。

国务院有关部委制定的部门规章在数量上比文化传媒行政法规更多，其调整的社会关系更为广泛细致。在新闻出版管理方面，主要有：新闻出版署 1988 年发布的《关于重申严禁淫秽出版物的规定》、1989 年发布的《关于部分应取缔出版物认定标准的暂行规定》、1990 年发布的《印刷、复印等行业复制国家秘密载体暂行管理办法》、1992 年发布的《书刊印刷产品质量监督管理暂行办法》、1992 年发布的《出版物汉字使用管理规定》、1993 年发布的《关于出版单位的主办单位和主管单位职责的暂行规定》、1994 年发布的《关于加强军事题材出版物出版管理的规定》、1997 年发布的《出版管理行政处罚实施办法》、1997 年发布的《图书、期刊、音像制品、电子出版物重大选题备案办法》、1997 年发布的《内部资料性出版物管理办法》、1998 年发布的《新闻出版行政执法证管理办法》、2000 年发布的《出版物条码管理办法》、2001 年发布的《新闻出版行业标准化管理办法》、2001 年发布的《印刷业经营者资格条件暂行规定》、2002 年发布的《关于加强对进口出版物内容审查工作的通知》、2003 年发布的《出版物市场管理规定》、2004 年发布的《关于坚决禁止违法印刷活动和取缔非法出版物的通知》、2004 年发布的《关于进一步加强和改进未成年人出版物出版工作的意见》、2005 年发布的《新闻记者证管理办法》，中共中央宣传部、新闻出版署 1990 年发布的《关于对描写党和国家主要领导人的出版物加强管理的规定》，中宣部、统战部、新闻出版署、国家民委、宗教局 1993 年发布的《关于对涉及伊斯兰教的出版物加强管理的通知》，国家版权局 1999 年发布的《出版文字作品报酬规定》，劳动和社会保障部、新闻出版总署 2001 年发布的《出版专业技术人员职业资格考试暂行规定》，人事部、新闻出版总署2001年发布的《出版专业技术人员职业资格考试实施办法》，新闻出版总署、对外贸易经济合作部2002年发布的《设立外商投资印刷企业暂行规定》，新闻出版总署、公安部2003年发布的《印刷品承印管理规定》等。

在图书出版方面，主要有：新闻出版署1989年发布的《关于严格控制人体美术图书出版的通知》、1990年发布的《关于对出版台港澳作品和翻印台港澳图书加强管理的通知》、1991年发布的《关于出版党代会、党中央全会和全国人代会文件及学习辅导材料的暂行规定》、1992年发布的《出版社书稿档案管理办法》、1993年发布的《关于部分古旧小说出版的管理规定》、1993年发布的《关于贯彻执行中宣部、新闻出版署〈关于禁止"买卖书号"〉的通知的办法》、1994年发布的《关于对书号使用总量进行宏观控制的通知》、1994年发布的《关于加强图书审读工作的通知》、1995年发布的《关于出版反映党和国家主要领导人工作和生活情况的摄影画册的规定》、1997年发布的《关于全国各出版社书号核发办法的通知》、1997年发布的《关于对引进版图书加强管理的通知》、1997年发布的《图书质量保障体系》、2001年发布的《关于禁止传播有害信息进一步规范出版秩序的通知》、2001年发布的《关于加强教材发行管理工作的通知》、2002年发布的《高等学校出版社管理办法》、2004年发布的《图书质量管理规定》，中宣部、新闻出版署1988年发布的《关于出版"文化大革命"图书问题的若干规定》等。

在报纸、期刊方面，主要有：国家科学技术部1991年发布的《科学技术期刊管理办法》，国家保密局、中央对外宣传小组新闻出版署、广播电影电视部1992年发布的《新闻出版保密规定》，新闻出版署1992年发布的《关于加强报纸出版"周末版"管理的通知》、1994年发布的《关于对证券、期货专业报纸和期刊加强管理的通知》、1998年发布的《关于建立高校学报类期刊刊号系列的通知》、1998 年发布的《关于期刊出版少数民族文字版有关问题的通知》、1999 年发布的《关于严格规范期刊刊载有关性内容等问题的通知》、1999 年发布的《报刊刊载虚假失实报道处理办法》，新闻出版署、国家工商行政管理局 1994 年发布的《关于禁止以报纸形式印送广告宣传品及对印刷品广告加强管理的通知》，新闻出版署、司法部 1995 年发布的《关于进一步加强法制类报纸管理的通知》，新闻出版署、广播电影电视部 1995 年发布的《关于改进广播电视类报纸出版管理的通知》，中央宣传部、广播电影电视部、新闻出版署、中华全国新闻工作者协会 1997 年发布的《关于禁止有偿新闻的若干规定》，新闻出版署 1999 年发布的《关于严格期刊刊号管理问题的通知》、2001 年发布的《关于严格执行期刊三审制和三校一读制度保证出版质量的通知》、2001 年发布的《关于严格审核期刊封面刊登党和国家领导人图片的通知》、2002 年发布的《关于进一步加强社会文化生活类报刊管理的通知》、2005 年发布的《报纸出版管理规定》、2005 年发布的《期刊出版管理规定》、2005 年发布的《报社记者站管理办法》等。

在音像制品和电子出版物方面，主要有：新闻出版署、公安部 1993 年发布的《关于鉴定淫秽录像带、淫秽图片有关问题的通知》，新闻出版署 1996 年发布的《音像制品复制管理办法》，新闻出版署 1999 年发布的《国家电子出版物评奖办法》、2000 年发布的《关于加强光盘复制管理若干问题的通知》、2004 年发布的《音像制品出版管理规定》，新闻出版署 1997 年发布、新闻出版总署 2004 年修正的《电子出版物管理规定》，国家版权局 2002 年发布、新闻出版总署和国家版权局 2004 年修正的《计算机软件著作权登记办法》，文化部、信息产业部 2005 年发布的《关于网络游戏发展和管理的若干意见》等。

在互联网出版方面，主要有：国务院新闻办公室、信息产业部 2000 年发布的《互联网站从事登载新闻业务管理暂行规定》，新闻出版总署、信息产业部2002年发布的《互联网出版管理暂行规定》，文化部2003年发布的《互联网文化管理暂行规定》，国家版权局、信息产业部2005年发布的《互联网著作权行政保护办法》，国家广播电影电视总局、信息产业部2007年发布的《互联网视听节目服务管理规定》等。

在广播、电影、电视方面，主要有：国家广播电影电视总局2001年发布的《广播电影电视行政复议办法》、2001年发布的《广播电视节目出品人持证上岗暂行规定》、2004年发布的《广播电视站审批管理暂行规定》、2004年发布的《广播电影电视立法程序规定》、2004年发布的《广播电台电视台审批管理办法》、2004年发布的《境外机构设立驻华广播电视办事机构管理规定》、2004年发布的《广播电视节目制作经营管理规定》、2004年发布的《广播电视视频点播业务管理办法》、2004年发布的《广播影视节（展）及节目交流活动管理规定》、2004年发布的《关于加强和改进广播电视舆论监督工作的通知》、2004年发布的《广播电视节目传送业务管理办法》、2004年发布的《境外卫星电视频道落地管理办法》、2005年发布的《广播电影电视行业统计管理办法》、2005年发布的《关于对卫星广播电视节目播出通道加强管理的通知》，国家广播电影电视总局、海关总署2002年发布的《关于加强广播电视节目电影片进口管理的通知》，国家广播电影电视总局2011年10月发布的《关于进一步加强广播电视广告播出管理的通知》、2011年11月发布《〈广播电视广告播出管理办法〉的补充规定》等。

在广告方面，主要有：国家工商行政管理总局1997年发布的《广告活动道德规范》、1998年发布的《广告语言文字管理暂行规定》、2000年发布的《关于网络广告经营登记试点的通知》、2002年颁布的《关于规范声讯服务广告的通知》、2004年发布的《广告经营许可证管理办法》、2004年发布的《广告管理条例施行细则》、2004年发布的《印刷品广告管理办法》，国家广播电影电视总局1999年发布的《关于坚决制止随意插播、超量播放电视广告的紧急通知》、2003年发布的《广播电视广告播放管理暂行办法》、2004年发布的《关于进一步加强广播电视广告内容管理的通知》，广播电影电视部、财政部1991年发布的《广播电视广告收入管理暂行规定》，广播电影电视部、财政部、国家工商行政管理局1992年发布的《广播电视赞助活动和赞助收入管理暂行规定》，广播电影电视部1997年发布的《关于进一步加强广播电视广告宣传管理的通知》，国家工商行政管理局、国家广播电影电视总局、国家新闻出版署2001年发布的《关于进一步加强对大众传播媒介广告宣传管理的通知》，国家广播电影电视总局、信息产业部、国家工商行政管理局2001年发布的《关于加强卫星电视广播地面接收设施及境外卫星电视节目广告管理的通知》，国家工商行政管理总局、信息产业部2005年发布的《关于禁止发布含有不良内容声讯、短信息等电信信息服务广告的通知》等。

在著作权与名誉权保护方面，主要有：新闻出版署、国家版权局1996年发布的《关于将执行〈著作权法〉情况列入报刊年检的通知》，国家版权局2003年发布的《著作权行政处罚实施办法》等。

在文物保护方面，主要有：文化部1985年发布的《国家文物鉴定委员会条例》、1986年发布的《文物商店向国内群众销售文物试行办法》、1989年发布的《文物出境鉴定管理办法》、2006年发布的《国家级非物质文化遗产保护与管理暂行办法》，国家文物局1991年发布的《考古涉外工作管理办法》、1992年发布的《文物保护法实施细则》、1996年发布的《关于故宫博物院管理的规定》、1996年发布的《关于加强文物拍卖标的鉴定管理的通知》、1998年发布的《考古发掘管理办法》、2001年发布的《关于在文物保护工作中加强法律咨询和审核的通知》、2001年发布的《关于整顿和规范文物市场秩序的通知》、2002年发布的《文物出国（境）展览管理规定》、2003年发布的《关于加强国有文物商店改制管理工作的通知》、2006 年发布的《关于加强文物拍卖标的审核工作的通知》、2007 年发布的《国家文物局新闻宣传工作管理办法》、2008 年发布的《关于加强文物进出境审核工作的通知》，中共中央宣传部、财政部、文化部、国家文物局 2008 年发布的《关于全国博物馆、纪念馆免费开放的通知》等。

**4. 地方性法规和地方政府规章**

地方性法规和地方政府规章也是地方文化传媒法的重要渊源之一。由于我国幅员辽阔，各省市的经济文化发展不均衡，因此各省、直辖市的人民代表大会及其常务委员会可以根据本省、直辖市的具体情况和实际需要，制定地方性文化传媒法规。如北京市人大常委会 1997 年通过的《北京市图书报刊电子出版物管理条例》，1997 年通过的《北京市音像制品管理条例》，2005 年通过的《北京历史文化名城保护条例》等。上海市人大常委会 1995 年通过，1997、1998 年和 2000 年修正的《上海市文化娱乐市场管理条例》；2002 年通过、2007 年修正的《上海市出版物发行管理条例》等。浙江省人大常委会 1995 年通过的《浙江省文化市场管理条例》，2007 年通过的《浙江省广告管理条例》，杭州市人大常委会 2008 年通过、浙江省人大常委会 2009 年批准的《杭州市计算机信息网络安全保护管理条例》① 等。

各省、直辖市人民政府为了贯彻和落实文化传媒法规，可以制定地方政府规章。如青海省人民政府 2004 年通过的《青海省政府新闻发布暂行办法》，海南省人民政府 2005 年通过的《海南

① 《立法法》第 63 条第 2 款规定："较大的市的人民代表大会及其常务委员会根据本市的具体情况和实际需要，在不同宪法、法律、行政法规和本省、自治区的地方性法规相抵触的前提下，可以制定地方性法规，报省、自治区的人民代表大会常务委员会批准后施行。"《杭州市计算机信息网络安全保护管理条例》被认为是我国第一个提倡和要求网络实名制的地方性法规，引发了包括众多网民在内的各界人士的广泛关注和议论。

省政府信息公开办法》，黑龙江省人民政府2005年通过的《黑龙江省政府互联网站管理办法（试行）》，安徽省人民政府2005年通过的《安徽省政府网站管理办法》，云南省人民政府2006年通过的《云南省电子政务管理办法》，福建省人民政府2007年通过的《福建省气象灾害预警信号发布与传播办法》，河北省人民政府2008年通过的《河北省实施〈中华人民共和国政府信息公开条例〉办法》，湖南省人民政府2009年通过的《湖南省实施〈中华人民共和国政府信息公开条例〉办法》，安徽省人民政府2009年通过的《安徽省澄清虚假或不完整信息工作暂行办法》等。

**5. 自治条例和单行条例**

根据《宪法》《立法法》《组织法》和《民族区域自治法》的规定，民族自治地方的人民代表大会有权依照当地民族的政治、经济和文化的特点，制定自治条例和单行条例，报全国人民代表大会常务委员会批准后生效。自治州、自治县的自治条例和单行条例，报省、自治区、直辖市的人民代表大会常务委员会批准后生效，并报全国人民代表大会常务委员会备案。可见，民族自治地方的有关文化传媒的自治条例和单行条例也是我国文化传媒法的渊源。如新疆维吾尔自治区人大常委会1993年通过、2002年修正的《新疆维吾尔自治区语言文字工作条例》，2009年通过的《新疆维吾尔自治区民族团结教育条例》和《新疆维吾尔自治区信息化促进条例》等；西藏自治区人大常委会1990年通过、1996年修正的《西藏自治区文物保护管理条例》，1995年通过、1997年修正、2009年修订的《西藏自治区文化市场管理条例》等；内蒙古自治区人大常委会1990年通过、1993年修正、2005年修订的《内蒙古自治区文物保护条例》，1994年通过、1998年修正的《内蒙古自治区文化市场管理条例》，2004年通过的《内蒙古自治区蒙古语言文字工作条例》等；宁夏回族自治区人大常委会1998年通过的《宁夏回族自治区文化市场管理条例》，2006年通过的《宁夏回族自治区非物质文化遗产保护条例》等；广西壮族自治区人大常委会1993年通过的《广西壮族自治区文物保护管理条例》，2005年通过的《广西壮族自治区民族民间传统文化保护条例》，广西壮族自治区融水苗族自治县人大1989年通过、1995年修正的《广西壮族自治区融水苗族自治县自治条例》等。

**6. 香港和澳门特别行政区法律**

根据我国香港和澳门特别行政区基本法的规定，香港和澳门特别行政区原有的法律大多继续有效，特别行政区立法机构还可以根据情势制定新的法律、法规。这些法律、法规虽然在法系和形式上与我国其他地区的法律、法规有所不同，只在特别行政区内施行，但也是我国法的特殊渊源。其中涉及文化传媒的法律、法规也是我国文化传媒法的特殊渊源。如香港1887年制定了《诽谤条例》，后经多次增减修订，仍继续适用；1973年制定并经港督批准施行的《版权条例》；1987年制定并经港督批准施行的《淫亵及不雅物品管制条例》等。澳门立法会通过修改，于2012年6月1日生效的《著作权及相关权利的法律制度》等。这些法规不仅在各特别行政区继续有效，并可根据情势加以修正和修订，而且对于完善我国内地主流的文化传媒法制也有一定的参考价值。

**7. 国际条约和国际惯例**

国际条约是指我国同外国缔结的双边和多边条约、协定和其他具有条约、协定性质的文件。① 国际条约本来是国际法的主要渊源，但由于它对签约国具有约束力，因此凡是我国政府签署的国际条约，除声明保留的条款外，也属于我国法的渊源之一。我国加入的有关文化传媒的国际条约主要有：1980年加入《成立世界知识产权组织公约》，1985年加入《保护工业产权巴黎公约》，1992年

---

① 根据《中华人民共和国缔结条约程序法》的规定，国际条约法的缔结权限分别为：国务院同外国缔结条约和协定；全国人大常委会决定同外国缔结的条约和重要协定的批准和废除；国家主席根据全国人大常委会的决定，批准和废除同外国缔结的条约和重要协定。加入多边条约和协定，分别由全国人大或国务院决定；接受多边条约和协定，由国务院决定。

加入《伯尔尼保护文学和艺术作品公约》《世界版权公约》《保护表演者、唱片制作者广播组织的国际公约（罗马公约）》，1993 年加入《保护录音制品制作者防止未经许可复制其录音制品公约》，1994 年加入《专利合作条约》，2001 年加入《与贸易有关的知识产权协议》（TRIPS 协议），2006 年加入《世界知识产权组织版权条约》（WCT）、《世界知识产权组织表演和录音制品条约》（WPPT）和《保护和促进文化表现形式多样性公约》。1997 年 10 月，我国签署了《经济、社会、文化权利国际公约》，2001 年 2 月得到了全国人大常委会的批准，公约中关于文化权利的内容与新闻传播活动有关。1998 年 10 月，我国也签署了《公民权利和政治权利国际公约》，现在正处于全国人大常委会审批中，其中第 19 条关于保障表达自由的规定引人关注。①

① 《公民权利和政治权利国际公约》第 19 条规定："一、人人享有保持意见不受干预之权利。二、人人有发表自由之权利。此种权利包括以语言、文字或出版物、艺术或自己选择的其它方式，不分国界，寻求、接受及传播各种消息及思想之自由。三、本条第二项所载权利之行使，附有特别责任及义务，故得予以某种限制，但此种限制须经法律规定，且为下列各项所必要者为限：a. 尊重他人权利或名誉；b. 保障国家安全或公共秩序，或公共卫生或风化。"英文原文：1. Everyone shall have the right to hold opinions without interference. 2. Everyone shall have the right to freedom of expression; this right shall include freedom to seek, receive and impart information and ideas of all kinds, regardless of frontiers, either orally, in writing or in print, in the form of art, or through any other media of his choice. 3. The exercise of the right provided for in paragraph 2 of this article carries with is special duties and responsibilities. It may therefore be subject to certain restrictions, but these shall only be such as provided by law and are necessary:（a）For respect of the right or reputations of others;（b）For the protection of national security or public order, or of public health or For the morals. 该条款被认为是在前人各种有关思想自由和表达自由的经典表述（如法国《人权宣言》第 11 条、美国《宪法第一修正案》《世界人权宣言》第 19 条、《欧洲人权宣言》第 10 条等）的基础上，就有关思想自由和表达自由问题做出的迄今最明白、最完整、最全面的表述。

国际惯例是指在国际实践中反复使用形成的，具有固定内容但未经立法程序制定的，如为一国所承认或当事人采用，就对其具有约束力的一种习惯做法或常例。有关文化传媒的国际惯例也是我国文化传媒法的特殊渊源之一。如 2006 年 8 月 10 日，北京市委书记、奥组委主席刘淇在“北京奥运会 2006 年世界转播商大会”上致辞时向国内外电视机构代表做出承诺，中国政府将按照国际惯例，在北京奥运会期间为外国记者的采访报道提供文物拍摄、采访中国运动员、航拍奥运赛事、租赁房屋等多方面的便利。

我国的法律对国际条约和国际惯例的法律效力有明确的规定。《民法通则》第 142 条规定：“中华人民共和国缔结或者参加的国际条约同中华人民共和国法律有不同规定的，适用国际条约的规定，但是中华人民共和国声明保留的除外。中华人民共和国法律和中华人民共和国缔结或者参加的国际条约没有规定的，可以适用国际惯例。”《民法通则》第 150 条还规定：“依照本章规定适用外国法律或者国际惯例的，不得违背中华人民共和国的社会公共利益。”

**8. 其他法律渊源**

文化传媒法的其他法律渊源主要是指有关文化传媒纠纷的司法机关的法律解释和司法判例。在文化传媒纠纷的审理中，涉及法律适用和解释的问题较多，最高人民法院和最高人民检察院为此公布了一系列的“解释”“批复”“函”“解答”“复函”和判例，这些规范性文件实际上也起着法的渊源的作用。如最高人民法院 1989 年公布的《关于死亡人的名誉权应受法律保护的函》和《关于徐良诉上海文化艺术报社、赵伟昌侵害名誉权案的复函》，1993 年公布的《关于审理名誉权案件若干问题的解答》，1995 年公布的《关于适用〈全国人民代表大会常务委员会关于惩治侵犯著作权的犯罪的决定〉若干问题的解释》，1998 年公布的《关于审理名誉权案件若干问题的解释》，2002 年公布的《关于审理著作权民事纠纷案件适用法律若干问题的解释》，2006 年公布的《关于审理涉及计算机网络著作权纠纷案件适用法律若干问题的解释》等。最高人民法院和最高人民检察院 2005 年公布的《关于办理侵犯著作权刑事案件中涉及录音录像制品有关问题的批复》等。

另外，在我国法律出版社等权威编纂的法典中，经常选辑有一些对法律适用和解释具有普遍指导意义的“典型案例”，这些判例实际上也在司法实践中被律师、法官和检察官等法律人用于比较和参考，事实上也起着一定的法的渊源作用。

### （二）我国的文化传媒法体系

有学者认为我国现在还没有一个完整的文化传媒法或传媒法体系，没有诸如新闻法、出版法、广播电影电视法这样的基本法作为传媒法或文化传媒法体系的核心，因此也不可能像一些发达国家那样建立起一个完整的传媒法学体系。这种认识在一定程度上看到了我国文化立法和传媒立法的不足之处，但其结论却是片面的。我国的文化传媒法体系如果套用其他国家的模式，不免会产生严重的问题，甚至妄自菲薄，因此构建中国特色文化传媒法体系就是要在一定程度上“去西方化”。①

其实，在我国的法律体系中存在着成千上万的有关文化、文物、新闻、出版、网络、广播电视电影、广告、体育、著作权与名誉权保护等方面的法律、行政法规、部门规章和司法解释，它们在客观上已经形成了一个庞大的文化传媒法体系，所缺少的只是理论上的提升和运用性研究。2007 年出版的《新编文化传媒法小全书》和 2008 年出版的《中华人民共和国传媒法典》为整理和编纂我国的文化传媒法体系做出了有益的尝试。《新编文化

① 李杨乐：《媒介研究须去西方化》，《中国社会科学报》2010 年 11 月 16 日。

传媒法小全书》把我国现有的文化传媒法划分为综合、新闻出版、演出与娱乐市场、影视音像产业、文物与艺术品市场、体育、计算机与网络文化市场、广告、著作权与名誉权九大类，对将近三百个法律、法规、规章和司法解释进行分类组合，① 第一次把我国现有的文化传媒法律规定编纂成册，比较客观地反映了我国文化传媒法的渊源和体系。《中华人民共和国传媒法典》则将我国的传媒法体系划分为综合、新闻出版管理、图书出版类、报纸和期刊类、音像制品与电子出版类、互联网出版类、广播和电视类、广告类、著作权与名誉权保护九大类，将三百多个法律、法规、规章和司法解释分类组合，② 比较全面、科学地反映了我国现有的传媒法渊源和体系。另外，同期出版的《中华人民共和国文化体育法典》也以独特的视角对我国的文化法和体育法进行了编纂，将包括有关文化的综合、演出与娱乐市场、影视音像产业、文物与艺术品市场、计算机与网络文化市场的法律性规定在内的有机整体作为“文化篇”，将包括有关体育的综合、群众体育、竞技体育、体育科技、文化体育、体育经济等的法律性规定在内的有机整体作为“体育篇”。③

从严格意义的“法律”层面看，我国已经颁布有《文物保护法》《著作权法》《广告法》《非物质文化遗产法》四部文化传媒法律，这些都是我国文化传媒领域的基本法。另外，《电影产业促进法》《图书馆法》和《广播电视传输保障法》等法律正在修改审议当中。有专家指出，我国现行文化立法的大部分是制定的法规、规章，法律层次低，法律效力等级低，缺乏上位法的依据。在新闻、出版、广播电视、电影、图书馆、博物馆、文化市场、文化事业和文化产业、网络信息管理等方面都缺少国家层面

① 参见《新编文化传媒法小全书》，法律出版社 2007 年版。
② 参见《中华人民共和国传媒法典》，法律出版社 2008 年版。
③ 参见《中华人民共和国文化体育法典》，法律出版社 2008 年版。

的基础性或专门的法律，这也是造成一些法规规章之间出现相互矛盾的重要原因。① 可见，我国的文化传媒法领域所面临的挑战相当大，立法任务极其繁重。2010 年 12 月 29 日，在全国人大教科文卫委员会召集的由中宣部、国务院法制办、文化部、广电总局、新闻出版总署、国家文物局和中国社会科学院等部委相关人员参加的文化传媒立法总结座谈会上，全国人大教科文卫委员会主任白克明先生明确指出，党的十六大提出的力争用 10 年左右基本建成社会主义法律体系的目标已经基本实现或形成，在整个法律体系中相对薄弱的是文化法或大文化法，文化领域的立法任务还相当繁重。文化立法相对缓慢有其比较复杂的一面，一些法律根据政治形势的发展要求，还不着急马上立，但是各部委参与立法的领导和同志多希望能加快。2011 年 8 月 29 日的《法制日报》刊登了全国政协委员、科教文卫体委员会副主任张耕先生在"深化文化体制改革、繁荣发展文化事业和文化产业"专题协商会上的一个讲话。对于文化立法存在的问题，张耕指出：一是立法层次低，作用机制单一，专门法律少，一批国务院条例和部门规章以及少量的地方立法，远没有形成较为完善的法律法规体系。从现有法律法规的结构上看，缺少文化产业方面的立法，相关管理规章中重管理轻保障的色彩较浓，不能适应文化大发展大繁荣的实际需求。二是时效性不足，适应性不强。目前的文化法律法规跟不上科技进步和市场环境的变化，在保护知识产权、保障创新、促进发展等许多方面立法滞后。三是地方立法薄弱。我国地域辽阔，发展情况很不平衡，但无论是在东部发达地区还是在中西部欠发达地区，从本地区的实际出发，在文化领域的立法也几近空白。②

① 范晓峰：《我国教科文卫体领域的法律制度》，中国法制出版社 2009 年版，第 181 页。

② 朱磊：《文化产业立法滞后期待提速》，《法制日报》2011 年 8 月 29 日。

另一方面，我国的文化体制改革已经迈出了坚实的步伐。截至2010年年底，全国共有300多家国有文艺院团转制为文化企业、6800家民营剧团扎根基层、17家文化企业上市、电影票房突破100亿元,① 文化产业首次在国家“十二五规划建设”中被提升为“国民经济支柱产业”。有学者甚至呼吁我国实施“文化立国”战略。② 2011年7月6日，财政部、中银国际控股有限公司、中国国际电视总公司和深圳国际文化产业博览交易会有限公司等共同发起设立了我国首支国家级文化产业投资基金——中国文化产业投资基金。基金主要以股权投资方式，投资新闻出版发行、广播电影电视、文化艺术、网络文化、文化休闲及相关行业，以引导示范和带动社会资金投资文化产业，推动文化产业的振兴和发展，加快使文化产业发展成为国民经济的支柱性产业。③

我国文化事业和文化产业的迅猛发展迫切需要更加“有法可依”，进一步加强文化传媒立法工作。全国人大常委会委员长吴邦国2011年1月24日也指出：“到2010年底，我国已制定现行有效法律236件，行政法规690多件，地方性法规8600多件，并全面完成了对现行法律和行政法规、地方性法规的集中清理工作。”虽然“中国特色社会主义法律体系已经形成”，但是“立法工作任务依然艰巨而繁重”，这是因为“我国正处在深刻变化的历史进程中”，因此“当然还要制定一些新的法律，以适应形势发展的需要，推动中国特色社会主义法律体系的与时俱进和发

① 张玉玲：《文化发展的脚步》，《光明日报》2011年1月6日。

② 吕莎：《中国文化产业昂首迈进新十年》，《中国社会科学报》2011年1月11日。

③ 杨亮、温源：《中国文化产业投资基金成立》，《光明日报》2011年7月8日。

展完善”①。有关文化传媒的法律是社会主义法律体系的重要组成部分，制定和完善文化传媒的相关法律法规，既符合我国社会主义法律体系的发展方向，又能引导和推动我国的文化传媒体制改革，应该是今后我国立法工作的重中之重。为了巩固文化体制改革成果，加快文化产业发展，有必要加快文化产业立法。如可以借鉴《中小企业促进法》和《循环经济促进法》等法律的实践经验，尽快出台《文化产业促进法》。《文化产业促进法》应该明确文化产业的战略地位，明确政府在推动文化产业发展中的责任和义务，明确对文化产业的财政、税收和金融的扶持，加大文化产业版权保护力度，促进文化创作与文化资源开发，推动文化企业建立市场主体地位，引导社会资本有序进入文化产业，推动文化产业的结构调整与产业升级，促进文化产业实现经济效益与社会效益的统一。在制定《文化产业促进法》的同时，还要抓紧其他相关法律法规的修订，完善新闻出版、广播影视、互联网等领域的单项立法，并同时健全地方相关立法，为文化产业发展构建完善的法律支持体系。②

2011 年 10 月，中国共产党第十七届中央委员会第六次全体会议全面分析形势和任务，认为总结我国文化改革发展的丰富实践和宝贵经验，研究部署深化文化体制改革、推动社会主义文化大发展大繁荣，进一步掀起社会主义文化建设新高潮，对夺取全面建设小康社会新胜利、开创中国特色社会主义事业新局面、实现中华民族伟大复兴具有重大而深远的意义。文化的发展和繁荣离不开法律的保障和规范，完善我国的文化传媒法体系则必将对社会主义文化大发展大繁荣起到不可替代的保护作用。

---

① 吴邦国：《在形成中国特色社会主义法律体系座谈会上的讲话》，《法制日报》2011 年 1 月 27 日。

② 兰培：《文化产业促进法应适时出台》，《中国社会科学报》2012 年 6 月 4 日。

表 1　　我国的文化传媒法体系

| 文化传媒法的体系 / 文化传媒法的部门 | 主要法律、法规、规章和司法解释 |
| --- | --- |
| 综合 | 《宪法》第 22 条“文化事业”、第 35 条“基本政治自由”、第 38 条“人格尊严权及保护”等规定；《民法通则》第 94 条“著作权”、第 101 条“名誉权”、第 120 条“侵害人格权的民事责任”等规定；《刑法》第 217 条“侵犯著作权罪”、第 246 条“侮辱罪、诽谤罪”、第 364 条“传播淫秽物品罪”等规定；《消费者权益保护法》第 14 条“受尊重权”、第 43 条“侮辱、诽谤消费者的民事责任”等规定；《行政处罚法》第 3 条“适用对象”、第 25 条“未成年人处罚的限制”、第 30 条“处罚的条件”等规定；《治安管理处罚法》第 12 条“未成年人违法的处罚”、第 29 条“侵入、破坏计算机信息系统的行为及处罚”、第 42 条“对侵犯人身权利六项行为的处罚”、第 68 条“对传播淫秽信息的处罚”等规定 |
| 新闻出版 | 《图书质量管理规定》《出版管理条例》《出版管理行政处罚实施办法》《出版物市场管理规定》《印刷业管理条例》《报纸出版管理规定》《期刊出版管理规定》《新闻记者证管理办法》等 |
| 演出与娱乐市场 | 《营业性演出管理条例》《娱乐场所管理条例》《营业性歌舞娱乐场所管理办法》《在华外国人参加演出活动管理办法》《演出市场个人所得税征收管理暂行办法》《文化市场行政执法管理办法》等 |
| 影视影像产业 | 《电影管理条例》《电影企业经营资格准入暂行规定》《中外合作摄制电影片管理规定》《电影剧本（梗概）备案、电影片管理规定》《外商投资电影院暂行规定》《中外合资、合作广播电视节目制作经营企业管理暂行规定》《电视剧管理规定》《中外合作制作电视剧管理规定》《电视剧审查管理规定》《境外电视节目引进、播出管理规定》《广播电视管理条例》《广播电视设施保护条例》《广播电影电视行政复议办法》《广播电视节目制作经营管理规定》《影像制品管理条例》《音像制品内容审查办法》《音像制品进口管理办法》《音像制品出版管理规定》等 |

续表

| 文化传媒法的体系<br>文化传媒法的部门 | 主要法律、法规、规章和司法解释 |
| --- | --- |
| 文物与艺术品市场 | 《文物保护法》《文物保护法实施条例》《文物行政处罚程序暂行规定》《世界文化遗产保护管理办法》《博物馆藏品管理办法》《博物馆管理办法》《文物藏品定级标准》《传统工艺美术保护条例》《美术品经营管理办法》《群众艺术馆、文化馆管理办法》《城市雕塑建设管理办法》《文化艺术品出国和来华展览管理细则》等 |
| 体育 | 《体育法》《反兴奋剂条例》《群众性文化体育活动治安管理办法》《全国体育竞赛管理办法（试行）》《奥林匹克标志保护条例》《公共文化体育设施条例》《农村体育工作暂行规定》《体育服务认证管理办法》等 |
| 计算机与网络文化市场 | 《互联网信息服务管理办法》《互联网上网服务营业场所管理条例》《互联网站从事登载新闻业务管理暂行规定》《互联网电子公告服务管理规定》《互联网出版管理暂行规定》《互联网文化管理暂行规定》《互联网等信息网络传播视听节目管理办法》《互联网著作权行政保护办法》《信息网络传播权保护条例》《计算机软件保护条例》《计算机软件著作权登记办法》《集成电路布图设计保护条例》《电子出版物管理规定》等 |
| 广告 | 《广告法》《广告管理条例》《广告管理条例施行细则》《广告活动道德规范》《广告语言文字管理暂行规定》《广告经营许可证管理办法》《广播电视广告收入管理暂行规定》《广播电视赞助活动和赞助收入管理暂行规定》《广播电视广告播放管理暂行办法》《印刷品广告管理办法》等 |
| 著作权、名誉权 | 《著作权法》《著作权法实施条例》《著作权行政处罚实施办法》《著作权集体管理条例》《最高人民法院关于审理著作权民事纠纷案件适用法律若干问题的解释》《最高人民法院关于审理涉及计算机网络著作权纠纷案件适用法律若干问题的解释》《最高人民法院关于审理名誉权案件若干问题的解答》等 |

资料来源：《新编文化传媒法小全书》。

其实，即便是在以法典化和体系化见长的德国，其文化传媒法体系的组成部分也是纷繁复杂、有待于编纂的。德国没有一部统一的文化传媒法或传媒法，除《基本法》中的文化传媒条款外，具体的文化传媒法的立法权分散在各州，因此媒体需要遵守的法律法规分散在不同的法律和规章制度之中。首先《基本法》保证了媒体传播的自由，联邦法院决议、各州的“出版法”《广播电视法》等详细规定了报纸杂志、广播电视应该遵守的法规。广播电视机构除了要遵守州一级的《广播电视法》和州媒体协会的规定外，还要遵守《广播电视州际协议》的有关规定和德国出版委员会、德国广播电视联合会、州媒体协会等机构的规范性文件。另外，还要受到欧洲法规和欧盟出台的有关媒体法规的约束，如《欧洲人权法案》《欧盟电视政策》等。但是，许多学者却都不否认德国有一个传媒法体系。我国的文化传媒法体系在形式上与德国有相似之处，即虽然没有一部“文化传媒法”或“传媒法”，但是基于《宪法》《民法通则》《刑法》等条款，国务院和有关部门、地方都制定有专门的文化传媒法规、规章、地方法规等，它们之间已经构成了一个不可分割、相互依赖的联合体或系统。

我国的文化传媒法体系在法的渊源和形式上，与美国的传媒法也有许多共通之处，如两国传媒法的最高渊源均是宪法和宪法修正案，两国传媒法的主要渊源均是不同等级的制定法和行政法规等。尽管在法的渊源的等级制度（hierarchy）和联邦主义（federalism）适用上存在不同的解释和设想，但是美国传媒法的渊源被解释为主要包括宪法（The Constitutions）、国会和立法机关通过的制定法（Statutory Law）、各种行政机关制定的行政管理办法和决定（Administrative Regulations and Decisions）和仅只基于判例的普通法（The Common Law）。① 有的学者认为包括传媒法在内的美国的“法的类型”（Types of Law）主要有宪法（The

---

① See T. Barton Carter, Marc A. Franklin, Jay B. Wright, The First Amendment and The Fourth Estate—The Law of Mass Media, The Foundation Press Inc., Westbury and New York, 1988, pp. 2 – 4.

Constitution)、普通法（The Common Law)、立法机关的制定法(Statutory Law)、行政法（Administrative Law)、衡平法上的诉讼(Actions in Equity)。[①] 可见，被有的学者奉为“活的”“配置权利的”和“原则坚定的”美国传媒法，[②] 在渊源上也不存在迥异的情况，只有在“普通法”和“衡平法上的诉讼”渊源上保持有一定的特色，它给人以神秘面纱和魔幻力量的原因在于美国法律人无穷无尽的吹捧和发挥，以及我国一些学者因缺乏对我国文化传媒法的特色和先进性进行分析总结而产生的类似“邯郸学步”那样的学术态度。

实际上，我国的文化传媒法已经有了一个轮廓清晰和有中国特色的体系，与上一部分内容的八大渊源相对应，我们可以把我国文化传媒法体系的主要内容划为八个部分：宪法条款、法律条款、行政法规和部门规章、地方性法规和地方政府规章、自治条例和单行条例、香港和澳门特别行政区法律、国际条约和国际惯例、其他法律文件等。

从文化传媒法的渊源来构建文化传媒法体系的合理之处在于：第一，它避免了诸如上述《新编文化传媒法小全书》和《中华人民共和国传媒法典》以“行业”为部门的机械性和非系统性，强调了每个文化传媒领域或行业都必须根据法的位阶高低来思考问题的体系性。第二，它有效地避免了对诸如地方性法规和地方政府规章、自治条例和单行条例、香港和澳门特别行政区法律、国际条约和国际惯例中的文化传媒法元素的排斥，把我国文化传媒法的界限最大化了。

---

① “衡平法上的诉讼”实际上并不是法的形式，而是对法的一种选择（an alternative to the law)：对法律错误的救济叫衡平法。See Wayne Overbeck, *Major Principles of Media Law*, Wadsworth/ Thomson Learning, Toronto, 2004, p. 17。

② ［美］唐·R. 彭伯：《大众传媒法》，张金玺、赵刚译，中国人民大学出版社 2005 年版，第 9、12—13 页。

表 2　　我国文化传媒法的渊源与体系

| 文化传媒法的体系<br>文化传媒法的渊源 | 主要法律、法规、规章和司法解释 |
| --- | --- |
| 宪法条款 | 主要有《宪法》第 22 条“文化事业”、第 24 条“精神文明”、第 35 条“基本政治自由”、第 36 条“信仰自由”、第 38 条“人格尊严权及保护”、第 51 条“公民自由和权利的限度”、第 52 条“维护国家统一和民族团结的义务”、第 54 条“维护祖国的安全、荣誉和利益的义务”等条款 |
| 法律条款 | 《民法通则》《侵权责任法》《著作权法》《广告法》《文物保护法》《消费者权益保护法》《国家通用语言文字法》《刑法》《治安管理处罚法》《合同法》《民事诉讼法》《行政诉讼法》《行政许可法》《行政复议法》《行政处罚法》《保守国家秘密法》等法律中有关文化传媒的条款 |
| 行政法规和部门规章 | 行政法规有《卫星电视广播地面接收设施管理规定》《音像制品管理条例》《地图编制出版管理条例》《集成电路布图设计保护条例》《电影管理条例》《出版管理条例》《印刷业管理条例》《广播电视管理条例》《广播电视设施保护条例》《电信条例》《计算机信息系统安全保护条例》《计算机软件保护条例》《计算机信息网络国际联网管理暂行规定》《互联网信息服务管理办法》《信息网络传播权保护条例》《广告管理条例》《著作权法实施条例》《著作权集体管理条例》《文物保护法实施细则》《政府信息公开条例》等；<br>部门规章有：新闻出版署发布的《出版管理行政处罚实施办法》《出版物汉字使用管理规定》《出版物条码管理办法》《新闻出版行业标准化管理办法》《音像制品复制管理办法》等，新闻出版总署发布的《图书质量管理规定》《图书质量保障体系》《出版社书稿档案管理办法》《高等学校出版社管理办法》《音像制品出版管理规定》等，广电总局发布的《广播电视站审批管理暂行规定》《广播电影电视行政复议办法》《广播电台电视台审批管理办法》《广播电视节目制作经营管理规定》《广播电视视频点播业务管理办法》《广播影视节（展）及节目交流活动管理规定》《关于进一步加强广播电视广告播出管理的通知》《〈广播电视广告播出管理办法〉的补充规定》等，国家工商行政管理总局发布的《广告管理条例施行细则》《广告活动道德规范》《广告语言文字管理暂行规定》《广告经营许可证管理办法》《关于网络广告经营登记试点的通知》《关于规范声讯服务广告的通知》《印刷品广告管理办法》等 |

续表

| 文化传媒法的体系 / 文化传媒法的渊源 | 主要法律、法规、规章和司法解释 |
| --- | --- |
| 地方性法规和地方政府规章 | 地方性法规如《北京市图书报刊电子出版物管理条例》《北京市音像制品管理条例》《北京历史文化名城保护条例》《上海市文化娱乐市场管理条例》《上海市出版物发行管理条例》《浙江省文化市场管理条例》《浙江省广告管理条例》《杭州市计算机信息网络安全保护管理条例》等；<br>地方政府规章如《青海省政府新闻发布暂行办法》《海南省政府信息公开办法》《黑龙江省政府互联网站管理办法（试行）》《安徽省政府网站管理办法》《云南省电子政务管理办法》《福建省气象灾害预警信号发布与传播办法》《河北省实施〈中华人民共和国政府信息公开条例〉办法》《湖南省实施〈中华人民共和国政府信息公开条例〉办法》《安徽省澄清虚假或不完整信息工作暂行办法》等 |
| 自治条例和单行条例 | 如《新疆维吾尔自治区语言文字工作条例》《新疆维吾尔自治区民族团结教育条例》《新疆维吾尔自治区信息化促进条例》《西藏自治区文物保护管理条例》《西藏自治区文化市场管理条例》《内蒙古自治区文物保护条例》《内蒙古自治区文化市场管理条例》《内蒙古自治区蒙古语言文字工作条例》《宁夏回族自治区文化市场管理条例》《宁夏回族自治区非物质文化遗产保护条例》《广西壮族自治区文物保护管理条例》《广西壮族自治区民族民间传统文化保护条例》《广西壮族自治区融水苗族自治县自治条例》等 |
| 香港和澳门特别行政区的法律 | 香港《诽谤条例》《版权条例》《淫亵及不雅物品管制条例》等，澳门《著作权及相关权利的法律制度》等 |
| 国际条约和国际惯例 | 我国已经加入的《成立世界知识产权组织公约》、《保护工业产权巴黎公约》、《伯尔尼保护文学和艺术作品公约》、《世界版权公约》、《保护表演者、唱片制作者广播组织的国际公约（罗马公约）》、《保护录音制品制作者防止未经许可复制其录音制品公约》、《专利合作条约》、《与贸易有关的知识产权协议》（TRIPS 协议）、《世界知识产权组织版权条约》（WCT）、《世界知识产权组织表演和录音制品条约》（WPPT）、《保护和促进文化表现形式多样性公约》、《经济、社会、文化权利国际公约》，签署待批的《公民权利和政治权利国际公约》 |

续表

| 文化传媒法的体系 / 文化传媒法的渊源 | 主要法律、法规、规章和司法解释 |
| --- | --- |
| 其他法律文件 | 包括但不限于司法机关的法律解释和司法判例，如最高人民法院公布的《关于死亡人的名誉权应受法律保护的函》《关于徐良诉上海文化艺术报社、赵伟昌侵害名誉权案的复函》《关于审理名誉权案件若干问题的解答》《关于适用〈全国人民代表大会常务委员会关于惩治侵犯著作权的犯罪的决定〉若干问题的解释》《关于审理名誉权案件若干问题的解释》《关于审理著作权民事纠纷案件适用法律若干问题的解释》《关于审理涉及计算机网络著作权纠纷案件适用法律若干问题的解释》等，最高人民法院和最高人民检察院联合公布的《关于办理侵犯著作权刑事案件中涉及录音录像制品有关问题的批复》等 |

### （三）从“传媒法”“传播法”到“文化传媒法”

传媒法学在我国是一门新的学科。这不仅表现在对传媒法学本身的概念和定义有不同的认识，① 还表现在传媒法学的主要理论均是在引进国外经验和教材的基础上发展起来的。

关于传媒法学概念的争论，中国传媒大学的魏永征教授曾经有过细致的比较和分析。魏永征教授在他的博客中这样写道：“传播是一种社会现象，一种人类行为。传媒是传播媒介的简称，是传播的工具和载体。所以传播是大概念，传媒是传播中的一个概念。另外，先有传播，为了传播的需要才产生传媒。传播是根本，传媒是传播的产物。传播的主体是人而不是传媒，传媒只是人的传播活动的中介物。显然，传播包括传媒，而传媒不能包括传播。所以我们称‘传播学’而不称‘传媒学’，因为传播现象

---

① 这种不同认识也来自国际上对规范新闻传播活动或大众传播活动的法的不同称谓，如有的称其为 Media Law（传媒法、媒介法或媒体法），有的称 Communication Law（传播法），有的称 Mass Media Law（大众传媒法），有的称 Mass Communication Law（大众传播法），有的称 Press Law（新闻法）。

和行为除了传媒还有别的内容。作为规范人类社会大众传播行为的法，应该总称为大众传播法。传媒法（媒介法），是传播媒介法的简称，应该是指单纯规范传播媒介的法，如报纸法、广播电视法等。传播法包含了传媒法，除了传媒法还有别的内容。如公民表达自由、知情权等，都是传播法的基本概念，有关行为有的同传媒有关，有的同传媒没有关系。在表达自由、知情权等问题上说明国家与公民的关系，中间并不必定要有传播媒介。”但是，鉴于传媒法名称的广泛使用，魏永征教授也采取了现实主义的表述：“当然，大众传播活动与人际传播、组织传播的一个主要不同，就是要凭借媒介进行，所以通常把传播法同传媒法作为同义词来使用。特别是在孤立地说一个名词时，说传播法还是传媒法，几乎没有区别。英文 communication law or media law 的著作，涵盖内容并无不同。但是一旦遇到要系统说明大众传播和传媒的关系时，两者还是有区别的。我们说大众传播法规范大众传播活动和大众传播媒介的行为，而不宜说大众传媒法规范大众传播活动和大众传播媒介的行为，因为传媒包含不了传播……但是，我们还是可以传播法、传媒法混着说，不在名称，而在实质。”①

其实，“传播”或“大众传播”是一个先于“传媒”或“大众传媒”的概念。20 世纪 50 年代开始，我国学者在翻译外国新闻传播学的著作时首先遇到的是 Mass Communication 这样一个词

---

① 根据魏永征教授的分析，把传播法称为传媒法的弊端是蕴藏着忽略公民权利应该是传播法的核心的可能，因为我们有关报纸、期刊、广播和电视的法律文件，大都是不涉及言论自由和表达自由的，而只规范这些媒介的行为。当然，也有例外，如《出版管理条例》就涉及出版自由，但是它把出版物和出版机构排除在出版自由之外了。我们有些新闻法、传媒法的学术著作回避表达自由、新闻自由，这还可以；但是如果写传播法学术著作，那就非涉及表达自由问题不可，因为人是传播的主体。只是要记住，这是保障人权的法，而不是管制工具的法。工具是人的产物，如果工具反过来排斥人，那就可以用一个近来用得有点多、然而全都没有用对的词——异化。

汇，当时的学者曾先后把它翻译为“群众思想交通”“公众传播”“公众通讯”“大众传播”等。① 1982 年 11 月，新闻学界在北京举行了主题为“怎样认识和研究西方传播学”的研究座谈会，这标志着“传播学”正式引入中国并为新闻学研究界接受。1983 年，中国社会科学院新闻研究所编辑出版了《传播学（简介）》小册子，1984 年出版了新华社李启等翻译的施拉姆的《传播学概论》，1985 年出版了复旦大学陈韵昭翻译的塞弗林、坦卡特的《传播学的起源、研究与应用》等著作。1986 年在黄山召开的“第二次全国传播学学术研讨会”上，与会者们已经开始探讨我国传播学的发展方向和理论体系了。从 20 世纪 90 年代开始，全国传播学学术研讨会的主题词先后出现了“传播与社会发展”“传播与经济发展”“信息与传播”“传播、对话、共享”等，随着我国经济的高速发展和信息传播业的日趋成熟，传播学也出现了创新和融合的局面。1997 年，在全国哲学社会科学规划办公室和国务院学位委员会颁布的研究生专业目录中，新闻传播学被列为一级学科，下设新闻学和传播学两个二级学科，并开始招收传播学方向的研究生。2004 年 2 月，经民政部批准，在“中

① 复旦大学新闻系 1957 年 6 月出版的《新闻学译丛》第 2 期《美国报纸的职能》译文中，首次出现了 Mass Communication 的英文，当时的译者郑北渭将其翻译为“群众思想交通”。1978 年 7 月，复旦大学新闻系编辑的《外国新闻事业资料》中又刊登了郑北渭摘译自美国华伦 · K. 艾吉等著的《公众传播工具概论》的文章，这次郑北渭将 Mass Communication 翻译成了“公众传播”作为文章的标题。同一期杂志中还刊登了陈韵昭摘译自美国埃德温 · 埃默里等著的《公众传播概论》一书的《公众传播的研究》。1979 年 5 月中国人民大学新闻系主办的、由油印的《国际新闻界简报》改版的《国际新闻界》第 1 期刊登了张隆栋翻译的《公众通讯的过程、制度和效果（一）》，此文的（二）（三）部分后来又分两期连载。从 1982 年第 2 期开始，《国际新闻界》又分三次连载了张隆栋编译的长文《美国大众传播学简述》。此后，“大众传播学”作为一个新兴学科迅速在学界流传和发展。

国新闻文化促进会"[①] 一级学会下，设立了传播研究分会，即"中国新闻文化促进会传播学研究分会"，对外简称"中国传播学会"（Communication Association of China）。[②] 与此同时，"中国新闻史学会"[③] 也对中外新闻传播学的历史和趋势展开了广泛的研究。如它主办的"中国传媒大会2009年年会"回顾、总结了新中国传媒60年来的发展经验和成就，围绕"国家形象与媒体责任""慈善事业与媒体责任""媒体改革与创新""传媒教育与媒介需求""自主创业与媒体责任""中国传媒产业化发展趋势"等议题进行了讨论和交流。[④]

20世纪80年代以来，特别是近十年来，传播研究不仅在学科内部获得了迅速发展，而且其社会影响力也日益增强。传播学的一些关键概念与术语，例如"传播""传媒""媒介""媒体""网络""新媒体"等词语，不断渗透到社会各个领域和日常生活之中，为社会所认可和使用，甚至也成为国家政治、法治和社会生活选择恰当表述的话语。传播法或传媒法正是在这样的广阔背景中产生的传播与法学的交叉学科。1999年上海社会科学出版社出版的魏永征著《中国新闻传播法纲要》一书是较早探索传播法理论体系的著作。该书的导言在回顾了我国新闻立法的历程之

---

① 中国新闻文化促进会成立于1989年，是国家一级社团组织。其宗旨是在党的路线指导下，以新闻文化研究为中心，总结党的新闻事业与其他事业的关系，促进我国社会主义建设事业的发展，团结新闻事业的广大同仁，开展理论研究、文化交流、业务培训、专业展览、书刊编辑、国际合作、咨询服务等各种活动。

② 参见姜飞、黄廓《引进、融合、创新——发展中的中国传播学》，《中国社会科学报》2009年9月22日。

③ 中国新闻史学会于1989年4月经国家民政局批准在北京成立，是我国新闻传播学方向唯一的一家以研究中外新闻传播历史与现状、促进新闻传播学发展为宗旨的全国一级学术团体。

④ 参见冯建华、鲁小彬《中国传媒大会2009年年会在北京举行》，《中国社会科学报》2009年12月15日。

后，着重介绍了我国现行新闻法的渊源，指出在宪法、基本法律和法律、行政法规、地方性法规以及部门规章等各类法律文件中都有适用于新闻活动的规定，同时扼要阐述了宪法、民法、行政法、刑法、诉讼法等法律部门中的现行新闻法的主要内容。正文分八章论述了“新闻活动的宪法原则”“新闻报道与维护国家安全、社会正常秩序”（分两章）、“新闻报道与公民、法人的合法权益”“对新闻单位的行政管理”“新闻活动中的著作权”“新闻媒介的广告与禁止‘有偿新闻’”和“涉外新闻活动”等问题。

由于魏永征教授对“传播法”称谓的推崇，我国早期的传媒法学教材也多以“传播法”为名。如 2002 年中国人民大学出版社出版的魏永征著的《新闻传播法教程》，2004 年上海交通大学出版社出版的田磊编著的《传播法学》，2005 年北京大学出版社出版的雷润琴著的《传播法——解决信息不对称及相关问题的法律》，2006 年武汉大学出版社出版的夏晓鸣、马卉编著的《传播法概论》，2008 年复旦大学出版社出版的孙旭培著的《新闻传播法学》，等等。另外，2003 年中国人民大学出版社出版的周庆山主编的《信息法》教材，则把包括“新闻出版法律”“广播电影电视传播法”“大众传播者的权利与义务”等内容的“大众信息传播法”纳入到了《信息法》教材的范畴讲解。① 传媒法与信息法内容的重合和交叉情况也影响到了一些单位的机构设置。如 2002 年中国社会科学院法学研究所成立了“网络与信息法研究室”，2003 年则改名为“传媒与信息法研究室”。2004 年中国传媒大学设立的旨在加强传媒法基础性研究和应用性研究的机构被冠名为“中国传媒大学媒体法规政策研究中心”，2008 年 12 月中国政法大学新闻与传播学院设立的从事传播法与政策研究的专

---

① 周庆山教授认为：“信息法是调整人类在信息的采集、加工、存贮、传播和利用等活动中发生的各种社会关系的法律规范的总称。”参见周庆山主编《信息法》，中国人民大学出版社 2003 年版，第 7 页。

业机构被命名为“中国政法大学传播法研究中心”。

另一方面，在我国的理论和实践领域，对于规范文化和传媒领域的法律或法制也有不同的称呼。在文化部的文件和活动中，习惯于称“文化法”或“文化法制”。在广电总局、新闻出版总署系统的文件和活动中，习惯上将包括文化法和传媒法在内的法律群统称为“传媒法”或“传播法”，笔者认为，鉴于我国文化法和传媒法的独特理念，文化法和传媒法紧密相连、密不可分的特点，并且在文化产业中的“文化传媒有限责任公司”等冠以“文化传媒”的说法已经成为习惯名词，因此将包括文化法和传媒法的法律群称作“文化传媒法”比较符合我国的国情。

### （四）中外文化传媒法学比较论

从中、美、英、日等国的传媒法教材或专著的比较中，我们可以看出，美、英、日的传媒法学教材普遍重视的内容主要有：宪法规定的言论或表达自由、对传媒表达自由的限制、诽谤、侵犯隐私权、对淫秽色情的管制、采访自由、新闻自由与公正审判、广告与法等问题。我国的传播法教材虽然也把宪法对言论自由的规定及限制、新闻与法治作为主要内容予以讲解，但是在对诸如诽谤、侵犯隐私权、对淫秽色情的管制、广告与法等方面都缺乏理论探索和实务研究，以至于目前许多大学的传媒法讲座没有合适的教材可供参考，有的学校干脆把美、英等国的传媒法教材作为主要参考资料。这种拿来主义的教学方法，不仅脱离了我国传媒法制的国情，而且在理论指导上也出现了一定程度的混乱或偏激。笔者认为，要建立我国自己的文化传媒法学体系，并且能够与国际真正接轨，那就必须在全面分析、总结和提升我国现有文化和传媒法律、法规、规章、典型案例的基础上，借鉴各国传媒法学体系的结构形式，编撰出中国特色的文化传媒法学教材。

在借鉴外国传媒法和提出课题方面，有的学者已经花费了大量的心血，发表了一系列的研究成果。如孙旭培教授的《新闻传播法学》一书就在介绍、借鉴和联系我国现实方面做出了重要探索。他的传播法学体系分为上、中、下和余论四编，共 15 章。上编介绍“中外新闻传播法的历史”，从第 1 章到第 3 章主要介绍了若干发达国家——英、美、法、日的新闻传播法的历史，若干发展中与转型中国家——印度、埃及和俄罗斯的新闻传播法的历史、中国新闻传播法的历史。中编探讨“新闻传播法及其对三种关系的调整”，从第 4 章到第 8 章主要探讨新闻传播的主要法律、新闻传播与国家、新闻传播与社会、新闻传播与公民的关系。下编研究“新闻诉讼与避免涉讼”，从第 9 章到第 12 章，主要研究新闻传播与司法、新闻传播司法中的公众利益原则、非诉讼形式处理新闻纠纷、新闻制作中如何防止新闻侵权。余论部分主要阐述了新闻记者的权利与义务、法律与道德相重合的新闻传播规范及国际公约中的新闻传播规范。孙旭培教授的这一著作实际上是想在借鉴外国传媒法成果的基础上，突出我国的“新闻”法律问题。按照他自己的话来说，那就是：“新闻法在国内外称谓多样，有新闻法、出版法、传媒法、媒介法、大众传媒法等，若就对传播内容的规范来说，实质上是一回事……我国在 20 世纪 80 年代末就明确提出要制定新闻法、出版法、广播电视法，因此本书就采用新闻传播法这一个概念，它在涵盖所有大众传播媒介的同时，突出了新闻；新闻一是传递事实，二是传递意见，是所有传播中最活跃、社会影响最大的一部分，也是法律调整的重点。”① 但是该书对于传媒法学的重要问题诸如表达自由、诽谤、侵犯隐私权、广告与法等缺乏必要或深入研究。类似的成果和缺失也发生在其他一些传播法的著作和教材中，如夏晓鸣等编著的《传播法概论》，比较重视传播法的基础理论，对于“传播”“传播法”“传播侵权”等的概念有独到的解释，也重视对

① 孙旭培：《新闻传播法学》，复旦大学出版社 2008 年版，第 3 页。

外国——英、美、德、日传播法的介绍，但是对于表达自由、诽谤、新闻自由与公正审判、广告与法等问题缺乏探讨。正如作者自己表白的那样：“本书从法学角度对传播法的内涵、法源、体系结构、历史发展、各国传播法的基本原则等知识与理论进行了介绍和阐述……由于精力和时间的限制，本书也有其不足之处：如对几个我国体现得不是很明显的传播行为的调整，并未纳入本书的研究范围。”① 田磊编著的《传播法学》则“或多或少在人们关心的敏感问题和区域作些探索，回应了社会的需求”②。该书在“绪论”“传播法律关系”“传播事业的行政管理”“传播活动与维护国家安全、社会公共秩序”四章后，专门用四章的篇幅着重探讨了新闻侵权、新闻侵害名誉权、新闻侵害隐私权和其他新闻侵权形式，最后在第九章研究了“传播活动中的著作权问题”，在第十章研究了“舆论监督问题”。

造成我国传播法学脱离我国传媒法制国情和缺乏体系性研究的原因是多方面的，其中既有客观上我国文化传媒法领域缺少诸如新闻法、出版法的原因，这些法律曾经被马克思认为是“对新闻出版自由在法律上的认可”③，也有学者在梳理和提炼我国文化传媒法制经验、理论方面的原因。如有学者对我国文化产业立法发出了这样的议论：“目前，中国已经基本建立起以版权法、

① 夏晓鸣、马卉编著：《传播法概论》，武汉大学出版社 2006 年版，第 265 页。

② 田磊编著：《传播法学》，上海交通大学出版社 2004 年版，“前言”第 1 页。

③ 马克思在 1842 年写作的《第六届莱茵省议会的辩论——关于新闻出版自由和公布省等级会议辩论情况的辩论》一文中指出：“新闻出版法就是对新闻出版自由在法律上的认可。它是法，因为它是自由的肯定存在。所以，甚至当它完全没有被采用的时候，例如在北美，它也必须存在，而书报检查制度正如奴隶制一样，即使它千百次地作为法律而存在，也永远不能成为合法的。”《马克思恩格斯全集》第 1 卷，人民出版社 1995 年版，第 176 页。

商标法、专利法和反不正当竞争法等基本法为主体，以行政法规、部门规章和地方性法规为补充的知识产权法律制度体系，但就文化产业立法而言，则处于不完善阶段：对于文化产业的促进和发展，我国长期以政策代替法制——除了制定部分阶段性政策外，没有相应的法律制度给予保障，即使部分层次较低的法规涉及文化产业，也基本都是政策规制的内容。今后，从立法上解决问题，尤其是从知识产权战略实施的角度制定有拘束力的长期法制，是发展文化产业的基础和前提。”① 因此，如何在现有条件下，把零散的文化和传媒法律条文、法规、规章等统合分类，结合司法实践，总结经验和法理并上升到理论高度，就成了文化传媒法学者的共同课题。当然，在研究我国现有文化法和传媒法、形成我国文化传媒法理论的同时，应该借鉴国外的成功经验，但是不能脱离我国的国情。

表 3　　中外“传媒法”教材名称、内容比较

| 国别<br>内容 | 中国 | 美国 | 英国 | 日本 |
| --- | --- | --- | --- | --- |
| 作者、书名 | A. 魏永征著《新闻传播法教程》<br>B. 雷润琴著《传播法——解决信息不对称及相关问题的法律》 | A. 唐·R. 彭伯著《大众传媒法》（张金玺、赵刚译）<br>B. Wayne Overbeck, *Major Principles of Media Law* | A. 萨莉·斯皮尔伯利著《媒体法》（周文译）<br>B. Eric Barendt (ed.), *Media Law* | A. 松井茂記著「マス・メディア法入門」（大众传媒法入门）<br>B. 林こう一郎著「情報メディア法」（信息传媒法） |
| 出版年份、出版社 | A. 2002 年中国人民大学出版社<br>B. 2005 年北京大学出版社 | A. 2005 年中国人民大学出版社<br>B. 2004 年 Wadsworth/Thomson Belmont CA | A. 2004 年武汉大学出版社<br>B. 1993 年 Dartmouth Hants | A.（1994 年第 1 版）2003 年第 3 版日本评论社<br>B. 2005 年东京大学出版会 |

① 丛立先：《文化产业发展需知识产权战略支撑》，《中国社会科学报》2010 年 2 月 23 日。

续表

| 内容 \ 国别 | 中国 | 美国 | 英国 | 日本 |
| --- | --- | --- | --- | --- |
| 各章标题 | A. 导论，宪法规范，维护国家安全，维护社会正常秩序，新闻与法治，新闻传播活动与公民、法人的人格权，特殊新闻和信息的发布，对新闻事业的行政管理，新闻传播活动与著作权，新闻媒介产业，涉外新闻传播活动的管理；<br>B. 导言，传播法概述，传播法的演进，传播权利，传播义务，传播责任，传播侵权，传播犯罪，公民表达自由法，市场信息传播法，公共信息公开法，大众传媒法，出版法，电影法，广播电视法，音像法，网络法，舆论监督法，立法公开法，政府信息公开法，司法公开法，涉外传播法，国际传播法 | A. 前言，美国的法律制度，宪法《第一修正案》——自由的涵义与当代问题，诽谤：案件成立，诽谤：证明过错，诽谤：抗辩和赔偿，侵犯隐私——盗用与侵扰，侵犯隐私——公开隐私性信息和错误暴露隐私，信息采集：档案与会议，保护消息来源/判处藐视法庭罪，新闻自由与公正审判——审判层次的救济与限制性命令、被封闭的司法程序，对淫秽材料和其它色情材料的管制，版权，广告管理，电讯管制；<br>B. 前言，美国的法律制度，自由的遗产，现代的先行制止，书面诽谤与口头诽谤，隐私权，版权与商标，公正审判——自由报道的冲突，记者的特权，信息自由，淫秽与法，电子媒体的规制，媒体所有权争议，广告与法，学生出版的自由 | A. 1998 年人权法和媒体，救济，诽谤，恶意谎言，对秘密的侵犯，财产权和言论自由，电视节目版式的保护，隐私和媒体，数据保护和媒体，媒体和司法公开，对新闻记者消息来源的披露，道德与媒体：淫秽、下流、亵渎和煽动性言论，政府机密和信息自由，身份销售规划和背书，竞赛，对媒体内容的附加司法管制，典型协议条款，权利许可；<br>B. 出版自由，为什么要规制广播，促进演说的传媒规则，传媒与诽谤法，传媒与审判程序 | A. 序章，大众传媒的表现・报道自由，大众传媒的表现・报道自由的限制，审查的禁止，基于表现・报道内容的限制，名誉毁损，其它个人权利的侵害，猥亵的表现，表现・报道成为问题的其它事例，表现・报道内容中立的限制，采访的自由，请求政府公开信息的权利，广播及新传媒的自由，网络，大众传媒的使用权与社会责任；<br>B. 序言，网络的登场与信息传媒法，信息传媒法的定义与分类，内容规制：言论自由与信息传媒法，信息中介者的法律责任，传播渠道的规制：信息传媒产业法，大众传媒与传播渠道的纽带关系，从解释论到立法论 |

由于文化与传媒的不可分割性，由于我国媒体传播的理念是

颂扬先进文化，而当代中国先进文化的核心和灵魂是马克思主义，因此，“现代传媒是马克思主义大众化的重要传播方式”①，中国特色传媒法的主要任务之一就是要为马克思主义大众化保驾护航。马克思主义对于其他积极和进步的文化具有极强的包容和改造功能。列宁在1920年10月写作的《论无产阶级文化》一文中就指出：“马克思主义这一革命无产阶级的思想体系赢得了世界历史性的意义，是因为它并没有抛弃资产阶级时代最宝贵的成就，相反地却吸收和改造了两千多年来人类思想和文化发展中一切有价值的东西。只有在这个基础上，按照这个方向，在无产阶级专政（这是无产阶级反对一切剥削的最后的斗争）的实际经验的鼓舞下继续进行工作，才能认为是发展真正无产阶级的文化。”② 因此，在文化传播和媒体管制领域需要建立的法律体系和法学就不能停留在“传播法”或“传媒法”的概念上，而是应该建立起中国特色的“文化传媒法”的概念和体系。这既是从我国的文化传媒法制实践中归纳出的概念，也是区别于忽视先进文化理念的西方“传媒法”或“传播法”的重要标志。事实上，国外也有一些学者承认，他们对文化与法律关系的研究是欠缺和缓慢的。如英国的斯蒂夫·格林菲尔德教授等指出：“流行文化（popular culture）虽然出于不同的训练方式而被作为一个学术研究领域加以了构建，但是关于法律与流行文化两者之间关系的研究却发展得非常缓慢。”③ 可以说，在许多国家，文化与传媒法关系的研究，一直是一个被割裂或被忽视的领域。

从中国特色的文化传媒法体系到文化传媒法学，再从文化传媒法学到加强我国的文化传媒立法，是完善我国文化传媒法体系

① 潘坤：《现代传媒与马克思主义大众化》，《光明日报》2011年2月9日。

② 《列宁选集》第4卷，人民出版社1972年版，第362页。

③ Steve Greenfield, Guy Osborn, Peter Robson, *Film and the Law*, Cavendish Publishing Limited, London, 2001, p. 2.

的必经之路。业已为我国的文化传媒和文化传媒法研究做出成绩的人士需要共同反省的一个重要问题，那就是我们是否漠视了我们自己的中国特色的文化传媒法体系，以致在研究和构建我国的文化传媒法体系和文化传媒法学时迷失了方向。国务院新闻办公室主任王晨在全国第一届对外传播理论研讨会上指出："构建覆盖广泛、技术先进的现代传播体系，形成与我国经济社会发展水平和国际地位相称的国际传播力，打破西方媒体垄断格局，已经成为一项十分紧迫的战略任务了。"① 笔者认为，在实施这一战略任务的计划中，建立和健全我国的文化传媒法体系和文化传媒法学对构建我国的现代传播体系具有重要的保障和指引作用。

① 吕莎、金辉：《中国现代传播体系的全球建构》，《中国社会科学报》2010年2月2日。

## 三　文化传媒侵权犯罪的理论与实践

文化传媒侵权与文化传媒犯罪不是传统民法学或刑法学上的概念，而是文化传媒法学对各种有关文化传媒侵权和文化传媒犯罪的一个概括性说法。文化传媒侵权泛指针对文化传媒和利用文化传媒实施侵权的行为，文化传媒犯罪泛指针对文化传媒和利用文化传媒实施的犯罪。有学者从犯罪与传媒的关系角度，提出了“传媒犯罪学”的概念和范畴，认为当今社会，关于犯罪的报道已成为大众传媒关注的热点，而从某种意义上说传媒对其所传播的关于犯罪信息的塑造决定着人们对于犯罪的理解和认识。① 这一概念和学科的构建，从一个侧面证明了文化传媒犯罪的特殊性和专门研究的必要性。文化传媒侵权和文化传媒犯罪常常只有侵害程度上的差异，利用文化传媒对他人实施侮辱诽谤的行为，既可构成文化传媒侵权，也可能构成文化传媒犯罪。如俄罗斯2011年秋曾在《刑法》中删除了第129条诽谤罪，将其转移到民法典，在民事违法处罚中增加诽谤条款。但是2012年7月俄罗斯国家杜马又通过了《有关俄罗斯联邦刑法典及其他法律修正案》，在刑法中恢复了诽谤罪，加大了对违反该法的处罚力度。② 因此，与民法学或刑法学只对侵权或犯罪的其中之一分别进行研究的习惯不同，作为公法和私法交叉学科的文化传媒法学则不宜将侵权和犯罪完全割裂开来，而应根据文化传媒侵权与犯罪的联系性，将两者结合起来考察研究，以提高文化传媒法的综合治理功能。

---

① 刘晓梅：《从“三大支柱”到多学科研究：中国犯罪学研究新视角》，《中国社会科学报》2013年3月13日。

② 朱冬传：《俄罗斯刑法典中恢复诽谤罪》，《法制日报》2012年8月7日。

### （一）文化传媒侵权与犯罪的法律规定

以往，我国对文化传媒的侵权问题，主要依据《宪法》并运用《民法通则》的有关规定予以处理。《宪法》第38条规定："中华人民共和国公民的人格尊严不受侵犯。禁止用任何方法对公民进行侮辱、诽谤和诬告陷害。"1986年通过的《民法通则》第101条规定："公民、法人享有名誉权，公民的人格尊严受法律保护，禁止用侮辱、诽谤等方式损害公民、法人的名誉。"《民法通则》虽然规定了公民和法人有名誉权，但是对隐私权没有做出规定。1988年《关于贯彻执行〈中华人民共和国民法通则〉若干问题的意见（试行）》第140条规定："以书面、口头等形式宣扬他人的隐私，或者捏造事实公然丑化他人人格，以及用侮辱、诽谤等方式损害他人名誉，造成一定影响的，应当认定为侵害公民名誉权的行为。以书面、口头等形式诋毁、诽谤法人名誉，给法人造成损害的，应当认定为侵害法人名誉权的行为。"这一《意见》采取了类比的办法，将侵害公民隐私权的行为按照侵害名誉权进行处理。但是《意见》仍然没有明确公民隐私权的内涵与外延。1993年《最高人民法院关于审理名誉权案件若干问题的解答》第七条规定："对未经他人同意，擅自公布他人的隐私材料或者以书面、口头形式宣扬他人隐私，致他人名誉受到损害的，按照侵害他人名誉权处理。"这一条和1988年的《意见》第140条的规定是一致的。而且这个《解答》还规定了新闻侵权行为的处理办法。《解答》第七条中还规定："因新闻报道严重失实，致他人名誉受到损害的，应按照侵害他人名誉权处理。"《解答》第八条规定："因撰写、发表批评文章引起的名誉权纠纷，人民法院应根据不同情况处理：文章反映的问题基本真实，没有侮辱他人人格的内容的，不应认定为侵害他人名誉权。文章反映的问题虽基本属实，但有侮辱他人人格的内容，使他人名誉受到侵害的，应认定为侵害他人名誉权。文章的基本内容失实，使他人名誉受到损害的，应认定为侵害他人名誉权。"2001年的《最高人民法院关于确定民事侵权精神损害赔偿责任若干问题的解释》第一条第二款规定："违反社会公共利益、社会公德侵害他人隐私或者其他人格利益，受害人以侵权为由向人民法院起诉请求赔偿精神损害的，人民法院应当依法予以受理。"这一规定是对于侵害其他各种人格利益的规定，其中就包括名誉权。所以《解释》实际上将隐私权作为一种独立的人格权益进行保护，间接承认了自然人的隐私权。

2009 年 12 月 26 日通过的《中华人民共和国侵权责任法》第 36 条对网络侵权的责任和索赔做出了明确的规定，其中第一款规定："网络用户、网络服务提供者利用网络侵害他人民事权益的，应当承担侵权责任。"第二款规定："网络用户利用网络服务实施侵权行为的，被侵权人有权通知网络服务提供者采取删除、屏蔽、断开链接等必要措施。网络服务提供者接到通知后未及时采取必要措施的，对损害的扩大部分与该网络用户承担连带责任。"第三款规定："网络服务提供者知道网络用户利用其网络服务侵害他人民事权益，未采取必要措施的，与该网络用户承担连带责任。"

为了"保护与限制"信息自由，我国的《刑法》及刑法修正案对侮辱、诽谤公民人格和侵犯公民个人信息情节严重的行为，规定了侮辱罪、诽谤罪、"非法传播、获取公民个人信息罪"等罪刑予以处罚。① 可见，文化传媒侵权的行为，不仅涉及民事法

① 《刑法》第 246 条第 1 款规定："以暴力或者其他方法公然侮辱他人或者捏造事实诽谤他人，情节严重的，处三年以下有期徒刑、拘役、管制或者剥夺政治权利。"第 2 款规定："前款罪，告诉的才处理，但是严重危害社会秩序和国家利益的除外。"为加大对公民个人信息的保护力度，《刑法修正案（七）》第七条规定："在刑法第二百五十三条后增加一条，作为第二百五十三条之一：国家机关或者金融、电信、交通、教育、医疗等单位的工作人员，违反国家规定，将本单位在履行职责或者提供服务过程中获得的公民个人信息，出售或者非法提供给他人，情节严重的，处三年以下有期徒刑或者拘役，并处或者单处罚金。窃取或者以其他方法非法获取上述信息，情节严重的，依照前款的规定处罚。单位犯前两款罪的，对单位判处罚金，并对其直接负责的主管人员和其他直接责任人员，依照各该款的规定处罚。"从学理上分析，此修正案新增的罪名可以确定为"非法传播、获取公民个人信息罪"。

中的损害赔偿问题，情节严重者还涉及罪刑的适用问题。在现实生活中，文化传媒侵权的问题比较复杂，有时甚至难以判断或令人疑惑。

### （二）文化传媒侵权的民事责任与宽容

文化传媒侵权经常涉及“侮辱”与“诽谤”。马克思于1849年2月7日在为《新莱茵报》辩护时，也对此做出了分析。马克思指出：“诽谤是指如下的情况，如果我把某种行为归罪于某人，说这种明确指出来的行为是他完成的。例如，我说某人是小偷，这只触及了第三七五条。使用‘小偷’这个词，不是‘某种行为’，并不是将‘行为’归罪于谁，——这只是谴责‘某种缺陷’的‘侮辱性言辞’。相反，如果说：‘你在某地偷了一些银匙子’，就是诽谤，这将受到的并不是按第三七五条所规定的罚款，而是重得多的剥夺自由和公民权的惩罚。理由是，在后一情况下指控的事实内容更清楚，名誉受到更大损害等等。”① 可见，对侮辱诽谤的认定和处罚，首先应分清“侮辱性言辞”与诽谤的区别，然后才能酌情认定和依法判决。由于现代民主社会的诽谤立法与审判，一方面要充分考虑保护人的名誉权，同时另一方面必须考虑到与言论自由或表达自由之间的冲突与平衡问题，因此往往是立法和审判中最为棘手的难题之一。②

如2012年10月29日，江苏省徐州市刘永修等4名自诉人起诉被告人中国矿业大学副教授王培荣犯诽谤罪一案，在

① 《拿破仑刑法典》第375条规定：“对于带有谴责某种缺陷，而不是谴责某种行为的詈骂和侮辱性言词，如果发生在公共场合或集会上，或登载在已经发行或散发的、印刷的或非印刷的文章中，罚款十六至五百法郎。”参见《马克思恩格斯全集》第43卷，人民出版社1982年版，第461—462页。

② 郑文明：《诽谤的法律规制》，法律出版社2011年版，第3页。

徐州市泉山区人民法院公开开庭审理时就出现了这样的难题。刘永修等4名自诉人和被告人王培荣均住在徐州市泉山区风华园小区。自诉人刘永修是小区居委会原主任，薛长玲是居委会党委书记，刘勃生是小区业主委员会副主任，张志雄是风华园小区居民。被告人王培荣则是小区业主委员会主任。自诉人在庭审中指控，因与担任业主委员会主任的王培荣在物业管理等工作之中产生个人矛盾，王培荣自2006年3月至2012年9月，持续采取在风华园社区张贴“小字报”、在互联网发帖等形式，对4名自诉人进行人身攻击、谩骂，虚构事实称4名自诉人是黑恶势力，存在贪污、侵占业主财产、打砸抢等不法事实，对自诉人的人格、名誉大肆诋毁，并提出了追究被告人王培荣诽谤罪的刑事责任、向自诉人公开赔礼道歉、澄清事实、消除影响以及赔偿经济损失等诉讼请求。法庭上，自诉人当庭提供了四部分相关证据，包括被告人王培荣在社区张贴的《刘永修为首的全国最牛的黑恶势力》《强烈谴责刘勃生黑恶势力的无赖行径》等二十多份“小字报”和相关照片及其在互联网发帖传播的相关内容。指控被告人王培荣采取无中生有、恶语相加等方式进行人身攻击，致使自诉人在精神上长期处于困扰状态，严重影响了自诉人家庭生活和社会名誉，直接侵犯了个人合法权益。4名证人证言还证实小区到处是“小字报”，令人反感。自诉人还证明，当有关部门对被告人举报的情况做出调查反馈并公开审计报告后，被告人依然继续实施诽谤行为。被告人王培荣当庭对自己张贴“小字报”和网络发帖的事实予以认可，辩称自己举报属实，但否认属于犯罪行为，并提供了自诉人有违法违纪行为的相关证据材料。被告人在答辩中，还以刘永修涉嫌贪污、薛长玲非法操纵选举、张志雄逃税等为由提出反诉。法庭经合议认为，其反诉内容是控告、揭发自诉人存在刑事犯罪，且不属于自诉案件受理范围，不符合有关刑事自诉案件反诉的法律规定，当庭决定对其反诉不予受理，并告知其有权依照法律规定另行诉讼或向有关机关控告。双方当事人在庭审期间进行了充分的举证和质证，并进行了多轮辩论和最后陈述程序。因尚有部分证据需要庭后核实，法庭没有当庭做出宣判。参加旁听的当地人大代表在接受记者采访时认为，该案有警示作用，任何公民在与他人发生矛盾时，应当采取法律手段来维权和反映问题，不宜采取公开张贴“小字报”等不理性方式，避免侵犯他人合法权益。①

文化传媒侵权行为首先引发的责任是民事责任。然而，文化传媒侵权行为与一般的侵权行为相比，具有构成不明显和责任轻微的特点，往往是在道德和法律的“宽容原则”② 下行走的，当然也存在许多无法宽容或不能宽容的案件。

**案例1:《话说中国》编写明代回族海瑞“买猪肉”，损害海瑞名誉行为。**

上海文艺出版社2005年2月出版的15卷本《话说中国》，在描写回族官员海瑞买猪肉为母亲做寿一节中出现了令回族难以容忍的错误。在“集权与裂变”卷中这样记述海瑞的故事：“海瑞平日粗茶淡饭，廉洁奉公，从不扰民。据说有一次为母亲祝寿，只买了两斤猪肉。”事实上，《明史》226列传第114《海瑞传》中是这样表述海瑞为母亲做寿的：“总督胡宗宪尝语人曰：‘昨闻海令为母寿，市肉二斤矣。’”囿于史家的习惯，过去在史籍中，凡入传历史人物均不注明族别。其实，关于海瑞的民族，早已在学术界确证无疑。《明史·海瑞传》曰：“海瑞，字汝贤，琼山

① 丁国锋:《副教授张贴“小字报”谩骂他人被诉诽谤》,《法制日报》2012年10月30日。

② 陈根发:《宽容的法理》，知识产权出版社2008年版，第22页。

人。举乡试，入都……御史诣学官，属吏咸伏谒，瑞独长揖，曰：‘台揖当以族礼，此堂，师长教士地，不当屈。’迁淳安知县。”这里的“长揖”是穆斯林对汉民行礼的主要方式，“此堂，师长教士地”表明了海瑞是在清真寺或礼拜堂，由此可见海瑞对伊斯兰教信仰的虔诚。因此，海瑞为母亲祝寿绝不可能违反回族禁食猪肉的禁忌，去买二斤猪肉。“市肉二斤矣”，实际上是“去市场买了二斤肉罢了”的意思，这里的肉应理解为牛肉或羊肉。

在《明史》中，海瑞是一个族别清晰的著名历史人物，《话说中国》却用“据说”之类极不负责的口吻去转述故事，损害海瑞名誉，严重亵渎了民族感情，需要引起出版者和编著者的高度重视并采取措施消除不良影响。①

**案例2：周恩来与许世友“斗”酒，有损伟人名誉、形象。**

中国铁道出版社主办的杂志《旅伴》2010年第2期中，这样转载了中国商业出版社《国酒茅台史画》中的片段：许世友到北京时，周恩来请他喝酒。许世友轰轰烈烈喝了一个小时才干一瓶，周恩来不显山不露水，吃着聊着也干了一瓶。许世友让服务员再拿两瓶茅台。周恩来仍然边吃边聊……当许世友终于干掉第二瓶时，只是摇晃着身子看周恩来。周恩来不说什么，只是将酒瓶酒杯垂直起来——那瓶子早空了。“服务员同志，再拿两瓶来。”周恩来的声音像往常一样柔和，“看样子许司令还能喝。”这次是周恩来动手开瓶：“许司令，你要哪瓶?”没有回答。许世友粗壮的身体仰靠着椅子往下滑，往下滑。他想坐起来，可心有余而力不足，一下子滑到了桌子底下。周恩来又斟满了一杯酒，立起说：“许司令，起来，站起来。英雄喝酒，狗熊喝水，我请你喝酒你连面子都不给？太不仗义了吧……”说着，干掉了杯中酒。

这篇小文章是笔者2010年2月22日从浙江回北京的动车310上看到的，因为觉得有问题，将它抄了下来。笔者认为主要问题是，这篇小文章在宣传周恩来喝酒的“海量”和做派时，缺乏史

① 马永真：《出版回族历史人物读物应把握的原则——以〈话说中国〉中的“海瑞故事”为例》，《内蒙古穆斯林》2009年第4期。

料依据，并且严重损害了人们心目中的总理形象。商家为了抬高“国酒茅台”的声誉，不惜侵犯周恩来总理的勤俭清廉形象，实在令人愤慨。奇怪的是，类似上述周恩来与许世友“斗”酒的“故事”在网上也在传播。

**案例3：黄健翔博客曝陆幽与杜伊性丑闻，陆幽诉黄健翔名誉侵权遭驳回。**

2008年6月6日，也就是在世界杯预选赛中国男子足球国家队与卡塔尔队比赛之前，黄健翔在博客《丑话说在前边》的文章里爆料，国家足球队主教练杜伊把央视女记者陆某搞成宫外孕的性丑闻。此文公布后，立刻引起轩然大波，网友们迅速回帖，更有网友通过黄健翔的叙述和早前网上的传言，推断该丑闻女主角就是国家队前首席随队记者陆幽。

2008年11月，央视体育频道记者陆幽将黄健翔及新浪、百度、网易3家网站诉至北京市朝阳区人民法院，要求4被告立即停止侵害名誉权，恢复名誉；在各自网站首页和博客首页刊登道歉声明，赔礼道歉并连带赔偿精神损失50万元。陆幽诉称，2008年6月，黄健翔在其个人博客中撰写涉及她个人隐私权的内容，公然丑化她的社会名誉，引发各大网站和传统媒体进行反复传播，给她的名誉造成重大侵害，侵犯了其名誉权。同时，黄健翔博文登出后，广州网易计算机系统有限公司与北京百度网讯科技有限公司及北京新浪互联信息服务有限公司不仅援引侵权内容，而且纵容和刻意对原告的隐私进一步进行捏造和传播，引起更大舆论混乱，进一步侵害了原告的名誉。4被告非法散布其个人隐私，捏造事实，丑化其人格，构成对其名誉和人格的侵犯，4被告的侵权行为不仅造成了巨大社会影响，而且严重伤害了其人格尊严和名誉，使其精神遭受了巨大伤害，4被告应当承担精神损害赔偿责任。

2009年5月8日，北京市朝阳区人民法院一审判决驳回陆幽的诉讼请求。陆幽不服，提起上诉。2009年12月20日，北京市第二中级人民法院二审开庭审理了此案，最终判决：驳回上诉，维持原判。判决书中指出，综合首席记者并非中央电视台独有，且陆幽首席记者的称谓系单位内部任命而未向社会公开，参与中国国家足球队报道的媒体女记者并非陆幽一人，现有证据尚不足以证明涉案文章中的相关词句排他地、特定地、唯一地指向陆幽。不过，法院在判决书中指出，现有证据虽无法认定黄健翔涉案文章的相关内容特定指向陆幽，对陆幽的隐私权、名誉权构成侵害，但黄健翔对他人私生活的评论确在社会上造成了一定的不良影响，法院在此对黄健翔的不当行为予以批评。黄健翔作为有一定影响力的公共人物，今后在行使自己言论自由权利的同时，应当特别注意将自己的言论规制在不损害他人合法权益、不违背社会公序良俗的范围内。①

**案例4：宋祖德、刘信达侵犯已故电影导演谢晋名誉权案。**

2008年10月19日，著名电影导演谢晋逝世的次日，“大嘴”宋祖德在其开设的新浪网博客上传了《千万别学谢晋这样死!》（后改名为《千万别学谢老这样死!》）一文，文章称谢晋因性猝死。2008年10月23日，宋祖德再次在其新浪博客上上传了《谢晋和刘晓庆在海外有个重度脑瘫的私生子谢虞庆!》（后改名为《谢老和刘大妈在海外有个重度脑瘫的私生子!》）一文，文章称谢晋与刘晓庆在海外育有一个重度脑瘫的私生子。同年10月28日，宋祖德将上述两篇博客文章又上传到其开设的搜狐、腾讯网博客上。2008年11月18日，宋祖德在其开设的新浪博客上上传了《中国电影家协会等四大协会应该给谢老垫棺材底!》一文，文章称“为尊重死者，从人道主义出发，祖德以后恭称‘谢老’”等。2008年11月20日及同年12月12日，宋祖德又在其开设的新浪博客上上传了含有重复前述博客观点内容的《李××的男人原来是个性虐待狂!》《2008年10大疯狗排行榜提前揭晓》两篇文章。2008年10月28日及同年11月4日，宋祖德的同事刘信达在其开设的搜狐网博客上分别上传了《刘信达愿出庭作证谢晋嫖妓死，不良网站何故黑箱操作撤博文?》和《刘信达：美×确是

① 颜斐：《央视记者陆幽诉黄健翔仍败诉》，《北京晨报》2010年12月21日。

李××女儿，照片确是我所拍》两篇博客文章，称谢晋事件是其亲眼目睹，是真实的事情。2008 年 12 月 19 日及 2009 年 5 月 5 日，刘信达在其开设的搜狐博客上上传了《宋祖德十五大预言件件应验!》、在网易博客上上传了《宋祖德的 22 大精准预言!》两篇博客文章，称其亲自在海外见到了“谢晋的私生子”。此后，宋祖德向多家媒体表示，他有确凿的证据才敢写涉案博客文章；刘信达则表示是他将消息来源告诉了宋祖德，并做出了同其博客文章内容一致的描述。

2008 年 10 月 28 日，广电总局传媒机构管理司司长任谦在“2008 影视产业发展论坛暨电视节目推介会”上，代表官方向广受批驳的“大嘴”宋祖德开炮。他表示，因为宋祖德对刚刚过世的导演谢晋大肆诽谤，因此要“跟广东省局和广东的制作业协会协调，对于这样的害群之马我们必须要予以清除出去”。对于任谦司长的批评，宋祖德在接受采访时表现得很气愤，表示要求任谦司长给自己道歉并可能诉诸法庭。宋祖德还坚称自己在博客上写谢晋导演的事情是有证据的，所以他愿意承担一切法律责任。

2009 年 2 月底，谢晋遗孀徐大雯打破沉默，以一纸 5000 字的诉状，向上海市静安区人民法院起诉，请求判令宋祖德、刘信达结束侵害、撤销所发侵权文章、公然赔礼道歉并赔偿直接经济损失 10 万元及精神侵害安慰金 40 万元。上海市静安区人民法院在审理时认为，涉案博客文章所说的谢晋因嫖妓致死及与他人有私生子均非事实，两被告对于文章内容的非真实性并未提出异议，故涉案文章内容均系捏造，属诽谤性文章。文章发表后，引起社会广泛的关注，一些不明真相的人见到博客文章不仅有较为详尽的细节描述，还有保证文章真实性并愿承担法律责任的所谓“特别声明”，纷纷对涉案文章表示认同，故涉案博客文章刊登后，大大降低了谢晋的社会评价，侵害了谢晋的名誉。2009 年 12 月 25 日下午，法院做出一审判决：被告宋祖德、刘信达立即停止对谢晋名誉的侵害；在判决生效之日起十日内连续十天在多家网站和报纸醒目位置刊登向原告徐大雯公开赔礼道歉的声明，致歉声明内容须经法院审核同意，消除影响，为谢晋恢复名誉；赔偿徐大雯经济损失人民币 89951.62 元；精神损害抚慰金人民币 20 万元。一审判决后，宋祖德、刘信达不服提出上诉。2010 年 2 月 1 日，谢晋遗孀徐大雯诉宋祖德、刘信达名誉侵权案在上海市第二中级人民法院进行公开二审。法院当庭宣布：驳回上诉，维持原判。

2010 年 5 月 24 日，根据上海市静安区人民法院的执行公告，宋祖德、刘信达到法院接受法官的询问，在法庭现场写下了《致歉声明》，缴纳了经济损失和精神损害抚慰金等 15 万元，并承诺在一个星期内缴纳剩余款项。两被告在《致歉声明》中写道："由于我们虚构事实、以假乱真，诋毁了谢晋老师和徐大雯老师的名誉，在社会上造成极大的不良影响，并使徐大雯老师的身心遭受重大打击，我们深感内疚。现真诚地向谢晋老师和徐大雯老师表示最深刻的歉意，恳请取得徐大雯老师的原谅。我们保证以后遵纪守法、谨言慎行，不再作出类似的侵权行为。"①

上述四个案例中，案例 1、2 是媒体对已故历史名人的联想或借题发挥中造成的侵犯名誉行为。由于海瑞和周恩来的后人亲属没有提起民事诉讼，所以谈不上在法律上构成名誉侵权，作为媒体的出版社和杂志社也没有承担任何法律责任。案例 3，是一个典型的轻微侵害他人名誉，法院却不予认定，给予侵权人宽容的案例。案例 4 则是一个侵权人对已故名人实施名誉侵权，死者亲属请求法院确认侵权，要求赔偿，获得法院支持的案例。在这四个存在侵权行为的案例中，我们不难看出：第一，文化传媒的侵权行为中，被侵权人有活人有死者。对死者的名誉侵权一般由死者的亲属向法院提出诉讼。第二，法院在审理名誉侵权案件时，往往从宽容原则出发，衡量侵权行为的社会危害程度，对轻微的侵权行为予以宽容，但对损害明显并导致严重后果的侵权行为则依法认定并判决侵权人承担相应的民事责任。

① 曾家新：《法庭上写"致歉声明"并向谢晋遗孀赔 15 万——宋祖德称该向奶奶道歉》，《京华时报》2010 年 5 月 25 日。

首先，对于死者名誉权的保护是文化传媒侵权的特色之一。死者不是民法的主体，不享有民法规定的人格权，但是死者的名誉应受到必要的保护，这是我国侵权理论与司法实践的一个重要成果。保护死者的名誉权，始于1989年的陈秀琴诉魏锡林、《今晚报》社侵害名誉权纠纷一案。在该案中，原告陈秀琴系死者吉文贞之母，被告魏锡林系中国民主促进会天津市委员会宣传部工作人员，他在于1985年创作的以吉文贞为原型、表现旧社会艺人苦难生活的小说《荷花女》中，描写了吉文贞从17岁到19岁病逝的两年间，先后同3位男子恋爱，3次接受对方聘礼，其中一名男子系已婚，吉文贞却愿做小妾。小说还描写了吉文贞先后到当时天津帮会头目袁某和刘某家中唱堂会，被侮辱，并影射吉文贞是患性病打错针致死。被告魏锡林写完小说《荷花女》后，投稿于《今晚报》。该报于1987年4月18日至6月12日在副刊上连载，每日刊登1篇，共计56篇，约11万字。小说在《今晚报》刊登不久，陈秀琴及其亲属即以小说内容及插图有损吉文贞名誉为由，先后两次去《今晚报》社要求停载。《今晚报》社以报纸要对读者负责为由予以拒绝。陈秀琴遂向天津市中级人民法院提出诉讼。天津中院认为，《中华人民共和国民法通则》规定公民享有名誉权，公民死亡后其名誉权仍应受法律保护。原告陈秀琴系已故吉文贞之母，在其女儿及本人名誉权受到侵害的情况下，有权提起诉讼，请求法律保护。被告魏锡林所著《荷花女》体裁虽为小说，但作者使用了吉文贞和陈秀琴的真实姓名，其中虚构了有损吉文贞和陈秀琴名誉的一些情况，其行为侵害了吉文贞和陈秀琴的名誉权，应承担民事责任。被告《今晚报》社对使用真实姓名的小说《荷花女》未作认真审查即予登载，致使侵害吉文贞和陈秀琴名誉的不良影响扩散，也应承担相应的民事责任。天津中院于1989年6月21日做出判决：（一）被告魏锡林、《今晚报》社，分别在《今晚报》上连续三天刊登道歉声明，为吉文贞、原告陈秀琴恢复名誉，消除影响，其道歉声明的内容及版面由法院审定。如拒绝执行，法院即在其他报刊上刊登为吉文贞、原告陈秀琴恢复名誉、消除影响的公告，其费用由拒绝执行的人员负担。（二）被告魏锡林、《今晚报》社各赔偿陈秀琴四百元。（三）被告魏锡林应停止侵害，其所著小说《荷花女》不得再以任何形式付印、出版发行。《今晚报》社和魏锡林不服判决向天津市高级人民法院提出上诉，天津高院审理认为：原审认定事实清楚，证据充分可靠，适用法律正确。在庭审调查和辩论结束后，上诉人《今晚报》社、魏锡林要求法庭调解，被上诉人陈秀琴亦表示同意。双方于1990年4月11日自愿达成调解协议：为消除上诉人魏锡林所著小说《荷花女》的不良影响，由上诉人《今晚报》社负责将双方商定的由被上诉人陈秀琴所写介绍吉文贞生平真实情况的来信，魏锡林所写表示道歉的复信，在原连载小说版面上刊登，并加有道歉内容的编者按。经济赔偿问题由上诉人和被上诉人双方自行解决。上诉人魏锡林原著小说《荷花女》，不得以任何形式付印、出版发行。小说修改后，出版发行必须征询吉文贞有关亲属的意见。①

关于死者名誉权的保护，最高人民法院于1989年4月针对上述“陈秀琴诉魏锡林、《今晚报》社侵害名誉权纠纷案”做出司法解释《关于死亡人的名誉权应受法律保护的函》中指出：“吉文贞（艺名荷花女）死亡后，其名誉权应依法受到保护，其母陈秀琴亦有权向人民法院提起诉讼。”后来，最高人民法院在1993年发布的《关于审理名誉权案件若干问题的解答》中规定：“死者名誉受到损害的，其近亲属有权向人民法院起诉。近亲属包括：配偶、父母、子女、兄弟姐妹、祖父母、外祖父母、孙子女、外孙子女。”2001年3月最高人民法院的司法解释《关于确定民事侵权精神损害赔偿责任若干问题的解释》将死者名誉权的

① 天津市高级人民法院编：《天津法院案例选》，法律出版社2001年版，第152页。

保护延伸到了包括姓名、肖像、荣誉、隐私、遗体、遗骨等方面，并规定死者“没有配偶、父母和子女的，可以由其他近亲属提起诉讼”。尽管如此，按照最高人民法院的司法解释，也并不能解决诸如上述案例1、2中历史名人海瑞、伟人周恩来的名誉权保护问题，因为上述司法解释中规定，只有死者的近亲属才有权向法院提起诉讼，而许多历史名人、伟人未必都有近亲属，甚至难以确定其后人。有学者指出，保护死者名誉的终极价值在于维护人类精神共同体和集体意识，而非仅对死者亲属的安抚，“因此对死者名誉的司法救济具有一定的公益性质，将起诉主体局限于近亲属，过于僵化，不利于对死者名誉的保护”①。笔者认为，为了有效地保护历史名人和伟人的名誉权，最高人民法院应将有权为死者提起名誉侵权诉讼的主体扩大到包括近亲属和有权提起公益诉讼的关系人。这是因为，历史名人和伟人作为公众人物，其名誉权是一种公共权益，如果有人侵犯其名誉权，法院应该支持关系人提起公益诉讼，有效地维护他们的名誉权。

其次，法院审理名誉侵权案件，应根据社会影响和情势，适用宽容原则或不宽容原则。在案例3“黄健翔博客曝陆幽与杜伊性丑闻，陆幽诉黄健翔名誉侵权遭驳回”一案中，被告黄健翔尽管只是在自己的博客上对他人“品头评足”，但其博客的点击量较高，引起了很多媒体和人士的关注，其行为触及了言论自由的底线。黄健翔虽然没有指名道姓地说出是哪个“女记者”，但是通过对国家队随队记者的了解，很容易就得出陆幽是黄健翔所说的那个“女记者”。黄健翔的言行在一定程度上将导致周边人士降低对陆幽的评价。黄健翔在没有充分事实根据的情况下，在博客上传播“损人”信息，其行为具有一定的违法性，其主观上也

① 雷丽莉、马军：《死者名誉亦受法律保护》，载“中国新闻侵权案例精选与评析”课题组编著《中国新闻（媒体）侵权案件精选与评析50例》，法律出版社2009年版。

存在故意或过失的错误。法院一方面认为黄健翔对原告陆幽私生活的评论确在社会上造成了一定的不良影响，但却没有认定其言行构成侵犯名誉权和隐私权，只是对被告的不当行为予以批评，充分体现了法院对轻微名誉侵害行为的宽容态度。

法院对轻微的或特殊的名誉侵害案件予以宽容的判例，可以追溯到2002年“范志毅诉文汇新民联合报业集团侵害名誉权案”的判决。

2002年6月，中国国家足球队在日韩世界杯决赛小组比赛中以三战皆负一球未进的战绩出局，论者多认为国家队后防主力范志毅表现失常。2002年6月14日，《体坛周报》刊登了特约记者梁小周采写的《某国脚涉嫌赌球》，称“有未经核实的消息透露，6月4日中哥之战，某国脚竟然在赛前通过地下赌博集团，买自己的球队输球……某国脚总是在最关键的时刻失位，两个失球都与他脱不了干系”。这一报道被多家媒体转载，“范志毅赌球”传闻引起轩然大波。6月16日，文汇新民联合报业集团在其出版的《东方体育日报》第一版刊登了《中哥战传闻范志毅涉嫌赌球》一文，在转载《体坛周报》文章后，指明涉嫌赌球的球员就是范志毅，同时还报道了范志毅的否定意见、足协领导和队友们的反应。6月17日刊登了对范志毅父亲的采访《范九林：我儿子没赌球》，19日又刊登了范志毅否认赌球的《范志毅郑重声明》。6月20日，《体坛周报》发表声明，称其6月14日刊发的《某国脚涉嫌赌球》一文出自不实消息来源，给中国足球队造成了伤害，深表歉意云云。6月21日，《东方体育日报》也发表《真相大白：范志毅没有涉嫌赌球》一文，称范志毅赌球的传闻已真相大白，范志毅没有赌球，包括网络在内的社会上流传的所谓范志毅赌球的谎言已不攻自破。但是，2002年7月4日，范志毅向上海市静安区人民法院提起诉讼，认为被告文汇新民联合报业集团6月16日刊登在《东方体育日报》上的《中哥战传闻范志毅涉嫌赌球》一文损害了他的名誉权，请求法院判令被告公开赔礼道歉，赔偿精神损失费5万元。法院审理后认为，原告作为社会公众人物理应接受舆论监督，被告刊登报道的行为在主观上没有恶意，报道内容不是肯定性的主观判断且已在《真相大白：范志毅没有涉嫌赌球》一文中澄清了传闻。因此，“即使原告认为争议的报道点名道姓称其涉嫌赌球有损其名誉，但作为公众人物的原告，对媒体在行使正当舆论监督的过程中，可能造成的轻微损害应当予以容忍与理解”①。

2002年南京市鼓楼区人民法院对“余一中诉《新闻出版报》社侵害名誉权纠纷”的判决也体现出了法院在审理名誉侵害案件中的宽容精神。

2000年前后，南京大学教授余一中相继发表了《〈钢铁是怎样炼成的〉是一本好书吗?》《炼出的“一炉废钢”》《大炼〈钢铁〉炼出的废品》等文章。针对余一中的上述文章，《新闻出版报》社在2000年6月26日的《新闻出版报》上刊登了署名钟宜渔的文章《由批评编校差错所引发的争论》，称“余先生指责文学剧本的编校质量是项庄舞剑”，这“已不是严肃的学术研究，而是借题发挥肆意攻击”，“如果带着政治和自己的狭隘眼光、偏见来评判一部被公认了的优秀文学作品，这种批评的用心就值得怀疑”云云。配发的“编者按”还指出：“围绕出版《钢铁是怎样炼成的》书籍和改编电视连续剧一事，居然有一场尖锐的思想斗争……这

① 上海市静安区人民法院（2002）静民一（民）初字第1776号民事判决书。

个争论不是纯学术的，也不是鸡毛蒜皮的小是小非，而是关系到是否坚持中国先进文化前进方向的原则之争。”2002年3月22日，余一中向南京市鼓楼区人民法院起诉，状告《新闻出版报》社侵害其名誉权，请求法院判令被告消除影响，赔礼道歉，赔偿精神损失费1万元等。余一中诉称：《新闻出版报》发表的《由批评编校差错所引发的争议》根本没有提及是什么人对原告批评编校差错表示反对，并引发了什么样的论争，而是避开该书是否存在编校错误、是否达到出版水平这些关键问题，用诸多不实之词对原告进行了指责，上纲上线。这一文章刊出后，原告的领导、同事、朋友、学生等都纷纷来电话或当面询问“你是不是政治上出了什么问题”“你最好小心一点”“上面是不是找你谈话了”等，使原告的精神上感受到了很大的压力和痛苦，受到了伤害。因此，被告的行为侵害了原告的名誉权。2002年8月20日，南京市鼓楼区法院做出一审判决，驳回原告余一中的诉讼请求。法院认为：本案的争议焦点是被告《新闻出版报》社刊登“钟文”并配发编者按的行为，是否构成了侮辱、诽谤，侵害了余一中的名誉权，损害了余一中的人格尊严。诽谤是指为了毁坏他人名誉，无中生有捏造事实并加以散布的行为。经查，“钟文”和“编者按”中，凡涉及原告余一中之处，均引用余一中评论文章中的原话，不存在捏造事实的情况。因此，《新闻出版报》社的行为不构成诽谤。侮辱是指公然损害或诋毁他人人格或者名誉的行为。“钟文”和“编者按”中，除对《钢铁是怎样炼成的》一书和同名电视连续剧表达了与原告余一中相反的观点外，并无损害余一中人格或者名誉的言辞。因此，《新闻出版报》社的行为也不构成侮辱。① 一审宣判后，余一中不服，向南京市中级人民法院

① 南京市鼓楼区人民法院（2002）鼓民初字第559号民事判决书。

> 提起上诉，请求改判。2002 年 11 月 7 日，南京市中级人民法院做出二审判决，驳回了余一中的上诉，维持原判。南京中院认为，判令当事人承担侵害名誉权的责任，应当根据确有名誉被侵害的事实、行为人实施了侮辱、诽谤的违法行为、违法行为与损害后果之间有因果关系、行为人主观上有过错等因素来认定。被上诉人《新闻出版报》社发表的“钟文”及“编者按”中，既没有捏造事实对上诉人余一中进行诽谤，也没有侮辱余一中的人格，故不构成对余一中名誉的侵害。余一中的上诉理由，主要是认为“钟文”和“编者按”表达观点的方式不当。而在有关争论中，争论双方在表达自己的观点时，只要不构成侮辱、诽谤，就不能认定侵犯他人的名誉权，要求其承担民事责任。①

在本案一审判决中，法院明确指出“就学术讨论而言，持不同观点的各方对对方的言论均应有一定的容忍度”，这被舆论认为对于确立学术批评的疆界、倡导学术宽容的胸怀，具有导向意义。也有学者认为，“从学术规范的角度看，呼吁宽容不同的声音当然具有必要性，但这不是问题的根本，远远不是。因为从法律的角度看，这不具有正当性……事实上，如果文章构成侵权，被批评者完全有理由不宽容；如果文章不构成侵权，被批评者的不宽容也只能是徒增烦恼”②。这一分析探讨了当事人选择宽容与不宽容的心态，但没有探讨法院或法官选择宽容原则与不宽容原则的法理。笔者认为，正因为如此，法院在审理名誉侵害案件中适用宽容原则和不宽容原则的法理才凸显出必要和引领时代的功能，因为法律上的宽容与不宽容并不只是当事人的道德选择，

---

① 南京市中级人民法院（2002）宁民一终字第 446 号民事判决书。

② 王松苗：《学术批评：即使“上纲上线”，也要适度宽容》，载“中国新闻侵权案例精选与评析”课题组编著《中国新闻（媒体）侵权案件精选与评析 50 例》，法律出版社 2009 年版。

它们除了被确认外，还具有强制的性格。

### （三）文化传媒犯罪的特点与问题

文化传媒犯罪并不是一个已被公认的法律概念，本章所说的文化传媒犯罪泛指文化传媒领域或与文化传媒有关的各种犯罪，如侮辱诽谤罪、非法获取公民个人信息罪、组织卖淫罪、引诱未成年人聚众淫乱罪、煽动颠覆国家政权罪等。

**案例1："艾滋女"闫德利事件中的侮辱罪、诽谤罪。**

2009年10月12日，一条内容为"河北荣城'艾滋女'与279名'嫖客'发生关系"的帖子在互联网上疯狂流传。"闫德利"就是帖子里所指的"艾滋女"，帖子"自称"是"闫德利"所写，其目的是为"报复"。同时，自称是闫德利的博客里还公布了200多个所谓"性接触者"的手机号码，随之曝光的，还有大量闫德利的"艳照"。短短几天内，"艾滋女"成为网络上的最热关键词之一。"闫德利"的名字搜索量高达近43万人次。10月14日，华东某都市报记者撰写的《"艾滋女"开博曝光数百性接触者》一文，囊括了"性""艾滋""小姐"等诸多吸引眼球的元素，更是成功调动了网友和民众的目光。10月16日，有媒体报道，自称闫德利的人再次接受媒体采访，称此举目的是要找到失踪的未婚夫，并自称不日将离世。有记者奔赴河北容城调查发现确有其人，但闫德利在接受记者电话采访时称，自己从未在网络上发帖，更未接受过媒体采访。10月18日，当事人闫德利返回老家保定容城县，接受艾滋病检测。她先后在容城县疾控中心、保定市疾控中心、国家疾控中心做了三次检查。10月19日，闫德利的堂哥闫国清告诉记者，国家疾控中心的检测报告的内容与容城、保定的结果一致：血液呈阴性。10月20日，容城县官方首次就"闫德利事件"对媒体做出正式回应，容城县公安局接受闫德利报案，并成立专案组，对案件正式立案侦查。

10月21日，容城县公安局在北京市宣武区某住宅小区将

“艾滋女”事件的始作俑者杨勇猛抓获，并以涉嫌诽谤罪将其刑事拘留。经查，杨勇猛，北京人，生于1976年，已婚。2008年3月，一直在北京打工的闫德利结识了杨某，不久两人同居。2009年6月，闫德利提出分手，杨某不同意，对其百般纠缠，遭到闫德利拒绝。杨某对此怀恨在心，8月初，他将二人同居时的私密照片打印在250张A4纸上，并配以对闫德利的诽谤文字，于8月21日、26日两次从北京驱车前往容城散发。8月底，杨某又以闫德利的名义在新浪网开设博客，捏造闫德利患有艾滋病、被其继父强奸等事实，将闫德利及其大哥手机通讯录上的200余个电话号码公布在网上，并称这些号码的机主均为曾与闫德利发生关系的“嫖客”，后来又在互联网上上传了经过加工的淫秽视频。

2010年4月9日，“艾滋女”事件始作俑者、闫德利的前男友杨勇猛被容城县人民法院以侮辱罪判处有期徒刑二年，以诽谤罪判处有期徒刑二年，决定执行有期徒刑三年。

**案例2：“私家侦探”的“商务调查”行为，可能构成“非法获取公民个人信息罪”**。

原正，1978年4月出生于山西省河津市，读过中专，曾在空军部队当过兵，也曾短暂从事过警务工作，后来到一家涂料企业工作，在那里认识了涂料工人拥正德。拥正德，1975年12月出生于云南省楚雄彝族自治州武定县，只有小学文化，但小时候读过《福尔摩斯探案全集》，对福尔摩斯非常崇拜。2008年北京举办奥运会时，大量建筑施工作业停工，原正的事业陷入低谷。因为公司尚有欠款没追回，原正将全部精力投入到追查债务人上。正是这件事给了他启发，他意识到许多生意人都有追查财产线索的需求，恰好一位律师朋友建议他专做“商务调查”，挣大钱。原正想到了好友拥正德，两人一拍即合。

2009年6月，原正和拥正德在海淀区以拥正德的名义办理了北京东方摩斯商务调查中心（个人独资企业）的营业执照，经营范围是市场调查、法律咨询、技术会议服务。但是，实际上主要接手婚外情调查，跟踪偷拍婚外情，并在网上买卖公民信息。从“中心”成立到2009年12月，原正和拥正德通过在互联网上发布公司信息招揽业务，接受他人委托进行婚外恋跟踪拍摄，查询银行账户、房产、户籍情况等个人信息，共获利3万元，两人平分。2009年12月28日，警察假扮成客户，在北京东方摩斯商务调查中心办公室将原正抓获。3个月后，拥正德也落入法网。北京市海淀区人民检察院的公诉人认为，犯罪嫌疑人原正和拥正德非法获取公民个人信息，其行为已触犯刑法，应当以非法获取公民个人信息罪追究刑事责任。① 2010年9月1日，北京市海淀区人民法院开庭审理了此案。在法庭审理过程中，由于原正和拥正德当庭认罪，认罪态度较好，公诉人建议法庭量刑时予以考虑，并希望原正、拥正德通过庭审吸取教训重新做人。法庭未当庭宣判。②在法庭审理即将结束时，拥正德说："我以为这行能挣点钱才干的，结果我和原正各投资了六七万元，但并没挣到什么钱。"而原正则称："北京做私家侦探的公司不下500家，全国这类公司超过两万多家，从业人员近20万。我现在很后悔，不应行走在法律的边界上。我奉劝同行，在国家政策还不允许时，最好还是把侦探公司关闭吧。等到政策放开了，私家侦探所能注册时，私家侦探再开张，一定要讲究职业道德。"2010年12月16日，原正和拥正德被分别判处有期徒刑1年，各处罚金1万元。

**案例3：90后"贱女孩"包包与阿紫举报源源影视工作室"潜规则"和组织卖淫案。**

2008年4月，一对自称"90后贱女孩：包包与阿紫"的双胞胎姐妹开博，记录她们被北京源源影视工作室负责人胡卫东等控制，变相卖淫的经历，引来众多网友关注。开博后不久即荣升为"中国第一博"。第一篇博文《写给我爹的一封信》两天内点击超过200万，网友回复近2万条，开博第五天总点击量超千万，创造了互联网新纪录。该博客之所以能成为网络关注的焦点，是因

① 王秋实：《"私人侦探"查婚外恋被公诉》，《京华时报》2010年8月17日。

② 李一然：《侦探公司非法获取公民个人信息 俩"情报员"涉嫌犯罪法庭受审》，《劳动午报》2010年9月2日。

为这对“贱女孩”在博文中抛出了许多极端观点，其中羞辱父母、老师、男人的语言比比皆是。虽然这样的语言遭到了多数网友的痛批，但这对“90”女孩到底是堕落还是新潮，也引发了舆论热议。2008年5月30日，“贱女孩”在网络上发表了一封《致海淀公安分局张伟刚局长》的举报信。二人以受害者的身份举报北京源源影视工作室，称该工作室负责人以“造星”之名对她们实施“潜规则”，并拍下性爱录像，继而要挟并控制她们卖淫。她们在举报信中称：在海淀辖区的一个居民楼里，隐藏着一家通过网络组织未成年少女进行非法色情交易的组织——源源影视工作室，她们曾经是这个工作室的工作人员，也曾被逼参与过这样的交易。

包包和阿紫是一对双胞胎，原名秦云、秦青，1990年出生，在北京一所职高念航空服务专业。2007年6月，她们偶然碰上了孟庆波。35岁的孟庆波，自称是北京模特协会的副会长，觉得她们有做模特的潜质，可以帮忙介绍试镜的机会。过了几天，孟庆波就把她们拉到了源源影视“试镜”。在与“投资人”交往前，源源影视工作室负责人胡卫东对她们进行了培训，给她们看《洛丽塔》《苦月亮》《大开眼界》《解放天性——教科书》以及色情影碟，让她们读西蒙娜·德·波伏娃写的女权主义书籍《第二性》，讲解高级妓女与低级妓女的区别。胡卫东还教授她们如何与有钱人相处，如何向他们要钱。据包包、阿紫称，源源影视工作室的负责人胡卫东、孟庆波等前后控制了近百名少女，其中大多数是未成年少女。胡、孟以潜规则为由与少女们发生性关系，并拍下视频，以此要挟她们“乖乖听话”，继而安排她们与所谓的“投资人”进行性交易牟利。

公安机关展开调查后，将胡卫东、孟庆波等人抓获。胡卫东、孟庆波因涉嫌组织卖淫罪、引诱未成年人聚众淫乱罪等被提起公诉。2009年10月23日，胡卫东被海淀区人民法院以组织卖淫罪和引诱未成年人聚众淫乱罪两项罪名，判处有期徒刑10年，罚金5万元。同案犯北京模特艺术发展促进会副会长孟庆波被以协助组织卖淫罪和引诱未成年人聚众淫乱罪，协同其此前所犯有的一项故意伤害罪，被判处有期徒刑7年6个月，罚金2万元。因被胡卫东“洗脑”而从一名受害人变为“帮凶”，并担任源源影视工作室经纪人的27岁女孩孙巧，被以协助组织卖淫罪判处有期徒刑3年，罚金2万元。

法院在判决中认为，胡卫东、孟庆波、孙巧等人利用“包包”“阿紫”身心发育尚未成熟，未形成正确的性道德观之机，利诱并通过宣扬所谓“潜规则”之类错误的性道德观来摧毁二人的思想防线，从而诱使二人自愿加入淫乱活动。胡卫东对一审判决不服，表示要上诉。胡卫东辩称：“艺人本身就是商品，她们正是通过自己的脸蛋、身体来体现她们的商品价值……我不认为她们受到了伤害，她们都是主动和自愿的。”据胡卫东说，在这些女孩中，有一些女孩在接触他以前性意识已经非常超前，并和很多男性发生过关系。2010年2月3日，北京市第一中级人民法院对本案做出终审判决，以组织卖淫罪、引诱未成年人聚众淫乱罪判处胡卫东有期徒刑10年，以协助组织卖淫罪、引诱未成年人聚众淫乱罪判处孟庆波有期徒刑2年6个月，以协助组织卖淫罪判处孙巧有期徒刑3年。

**案例4：刘晓波发表网文“超出言论自由的范畴”，构成煽动颠覆国家政权罪。**

刘晓波，男，1955年12月出生，汉族，出生于吉林省长春市，博士研究生文化。1991年1月因犯反革命宣传煽动罪被免予刑事处分，1996年9月因扰乱社会秩序被处劳动教养3年。因涉嫌犯煽动颠覆国家政权罪于2008年12月8日被拘传，12月9日被监视居住，2009年6月23日被逮捕。北京市人民检察院第一分院以刘晓波犯煽动颠覆国家政权罪，于2009年12月10日向北京市第一中级人民法院提起公诉。起诉书指控，被告人刘晓波出于对我国人民民主专政的国家政权和社会主义制度的不满，自2005年以来，通过互联网先后在“观察”“BBC中文网”等境外网站上发表《中共的独裁爱国主义》《难道中国人只配接受“党主民主”》《通过改变社会来改变政权》《多面的中共独裁》《独裁崛起对世界民主化的负面效应》《对黑窑童奴案的继续追问》等煽动性文章。在文章中造谣、诽谤："自从中共掌权以来，中共历代独裁者最在乎的是手中的权力，而最不在乎的就是人的生命"；"中共独裁政权提倡的官方爱国主义，是'以党代国'体制的谬论，爱国的实质是要求人民爱独裁政权、爱独裁党、爱独裁者，是盗用爱国主义之名而行祸国殃民之实"；"中共的这一切手段，都是独裁者维持最后统治的权宜之计，根本无法长久地支撑这座已经出现无数裂痕的独裁大厦"等。并煽动："通过改变社会来改变政权"；"自由中国的出现，与其寄希望于统治者的'新政'，远不如寄希望于民间'新力量'的不断扩张"等。2008 年 9 月至 12 月间，被告人刘晓波还伙同他人起草、炮制了《零八宪章》，提出"取消一党垄断执政特权""在民主宪政的架构下建立中华联邦共和国"等多项主张，试图煽动颠覆现政权。刘晓波在征集三百余人签名后，将《零八宪章》及签名用电子邮件发给境外网站，在"民主中国""独立中文笔会"等境外网站上公开发表。检方向法院移送了指控刘晓波犯罪的证人证言，现场勘验、检查笔录、电子数据司法鉴定意见书等证据。认为刘晓波的行为触犯了《中华人民共和国刑法》第 105 条第 2 款的规定，已构成煽动颠覆国家政权罪，罪行重大。被告人刘晓波在法庭审理中辩称：自己无罪，自己只是行使了宪法赋予公民言论自由的权利，自己所发表的批评性言论，并未给他人带来实际损害，也没有煽动颠覆国家政权。

北京市第一中级人民法院经审理认为，被告人刘晓波以推翻我国人民民主专政的国家政权和社会主义制度为目的，利用互联网传递信息快、传播范围广、社会影响大、公众关注度高的特点，采用撰写并在互联网上发布文章的方式，诽谤并煽动他人推翻我国国家政权和社会主义制度，其行为已构成煽动颠覆国家政权罪，且犯罪时间长，主观恶性大，发布的文章被广为链接、转载、浏览，影响恶劣，属罪行重大的犯罪分子，依法应予从严惩处。北京市人民检察院第一分院指控被告人刘晓波犯煽动颠覆国家政权罪的事实清楚，证据确实、充分，指控罪名成立。对于被告人刘晓波在法庭审理中提出的辩解及其辩护人发表的辩护意见，经查，本案庭审查明的事实和证据，已充分证明刘晓波利用互联网的传媒特点，以在互联网上发表诽谤性文章的方式，实施煽动颠覆我国国家政权和社会制度的行为，刘晓波的行为显已超出言论自由的范畴，构成犯罪。故刘晓波的上述辩护及其辩护人发表的辩护意见均不能成立，本院不予采纳。根据被告人刘晓波犯罪的事实、性质、情节和对于社会的危害程度，依照《中华人民共和国刑法》第105条第2款、第55条第1款、第56条第1款、第64条之规定，判决刘晓波犯煽动颠覆国家政权罪，判处有期徒刑11年，剥夺政治权利2年。

综上所述，从近几年来发生的文化传媒犯罪案件看，不同程度地呈现出以下几个特点和问题。

第一，非法泄露公民个人信息的犯罪日益增多和严重。

由于网络的发展和普及，公民个人信息被非法泄露和使用的情况频发，对公民的人身、财产和隐私构成了严重威胁。类似上述案例2那样的“非法获取公民个人信息罪”等犯罪，已经令人防不胜防。如2010年6月8日，北京“东方亨特商务调查中心”等5家调查公司的9名“私家侦探”在北京市朝阳区法院受审。案件中，3名来自中国电信、中国联通、中国网通的员工，成为泄露个人信息的源头，分别被指控犯有“非法获取公民个人信息罪”“出售或者非法提供公民个人信息罪”。2010年12月16日，北京市海淀区人民法院同时对8起非法获取公民个人信息案件进行了集中宣判。除了原正和拥正德这样的“私家侦探”非法获取公民个人信息罪外，有的犯罪嫌疑人为了开展推销业务，通过窃取、非法购买等方式，获取数万条甚至几十万条公民个人信息，有的则通过互联网购买并囤积大量各种类型公民个人信息，再通过互联网发帖寻求购买者，出售牟利。上述“出售或者非法提供公民个人信息罪”和“窃取或者以其他方法非法获取公民个人信息罪”是2009年2月28日才在《刑法修正案（七）》中设立的新罪名。在司法实践中，这些犯罪的被告人并不完全清楚自己的行为构成犯罪。2011 年 3 月 1 日，北京市第二中级人民法院开庭审理了“迄今为止北京受理的涉案人数最多的非法提供、获取以及出售公民个人信息案”，在 23 名被告人中，既有专门从事公民个人信息买卖的无业人员，也有各类咨询中心和调查公司的负责人，还有 6 名分别来自电信、联通公司内部或其他公司派驻中国移动 10086 客服中心的职员。这些人互相之间并不完全认识，却在利益的驱使下利用各自的资源优势，结成了一条非法提供、获取、销售公民个人信息的完整利益链条。其中 21 人的行为分别涉嫌非法经营罪、非法获取公民个人信息罪、非法提供公民个人信息罪以及出售公民个人信息罪。2 人的行为涉嫌帮助毁灭证据罪和包庇罪。在法庭上，23 名被告人对于公诉机关的指控均表示认可，却几乎人人都提出，直至案发之前，他们并不知道自己的行为已经构成犯罪。① 因此，这些犯罪的构成与类似非法行为之间的界限有待于进一步明确，如出售或者非法提供多少量的公民个人信息才构成犯罪？窃取或非法获取多少公民个人信息才构成犯罪？等等。

《刑法修正案（七）》新增的上述两项罪名，从立法的层面对保护个人信息做出了积极的探索，对于构建完善的个人信息保护法律体系具有积极意义。触犯这两项罪名的，最高可判处三年有期徒刑，这必将对那些非法获取和利用个人信息的人和单位构成威慑，能够减少非法获取和利用个人信息行为的发生。但是，来自司法实践的困惑告诉我们，这两项罪名本身也存在一些缺憾。首先，两项罪名列举的犯罪主体不全，仅仅列举了“国家机关或者金融、电信、交通、教育、医疗等单位的工作人员”，没有明确列举易发犯罪的商务调查中心、互联网公司、宾馆酒店、律师事务所、会计师事务所等单位的工作人员。其次，将犯罪的

① 李松、黄洁：《众被告人称不知自己在犯罪》，《法制日报》2011 年 3 月 1 日。

行为仅限于“出售或者非法提供公民个人信息”和“窃取或者以其他方法非法获取公民个人信息”两类，排除了诸如非法采集、非法存储、非法处理、非法使用等侵犯公民个人信息安全的行为方式。笔者认为，这些缺憾，应该通过司法解释予以明确，或者在制定“个人信息保护法”时予以汇总规范。

第二，电信诈骗犯罪日趋猖狂。

2009 年 3 月 9 日，江苏省无锡市的沈女士被骗 614 万元；2010 年 10 月 22 日，北京的张女士被骗 1071 万元；2010 年 11 月 2 日，云南省景洪市揭先生被骗 2311 万元……近年来，电信诈骗在我国呈泛滥之势，犯罪分子极度猖狂，作案手段不断翻新，诈骗单笔金额屡创新高，社会危害日益严重。① 根据有关部门的统计，2009 年，仅上海、江苏、浙江、福建、广东 5 省市的群众因电信诈骗造成的损失就高达 10 多亿元。②

针对电信犯罪的惩治，最高人民法院和最高人民检察院于 2011 年 4 月 7 日联合发布了《关于办理诈骗刑事案件具体应用法律若干问题的解释》，明确了电信诈骗的定罪量刑标准，将入罪门槛由原来的 2000 元提高为 3000 元，规定了“通过发送短信、拨打电话或者利用互联网、广播电视、报纸杂志等发布虚假信息，对不特定多数人实施诈骗”等 5 种可以酌情从严惩处的情形。针对电信诈骗行为查处和取证两难的情况，司法解释还专门明确，对电信诈骗数额难以查证，但发送诈骗信息 5000 条以上的，拨打诈骗电话 500 人以上的，或者诈骗手段恶劣，危害严重的，即可以诈骗罪（未遂）追究刑事责任。对于“中间商”明知他人实施诈骗犯罪，仍为其提供信用卡、手机卡、通讯工具、通讯传输通道、网络技术支持、费用结算等帮助的，以共同犯罪

---

① 周斌、李恩树：《电信诈骗犯罪分子“半年买别墅开宝马”》，《法制日报》2011 年 4 月 15 日。

② 唐卫毅：《电信诈骗猖獗，法律必须发力》，《法制日报》2011 年 4 月 9 日。

论处。如新司法解释出台后的武汉市办理的首起电信诈骗案是这样的：一对夫妇用 GSM 无线接入台拨打全国小灵通号码进行中奖诈骗，3 个月内共拨打电话 1 万余次。犯罪嫌疑人被举报后，侦查机关查实 3 名被害人，诈骗金额 3000 余元。2011 年 7 月，武汉市江岸区人民检察院以涉嫌诈骗罪正式批准逮捕了犯罪嫌疑人许某和范某。①

"两高"的司法解释是一纸我国司法机关针对猖獗的电信诈骗行为的宣战书，但是电信诈骗的"高科技""高智商"，给我国的立法和司法机关提出了前所未有的挑战。如一些电信诈骗集团已经将主要作案环节移至境外，把原先在境内操作的取款、洗钱等中间环节舍去，改为直接在境外网银转账、取款，在一定程度上规避了警方的打击。又如电信诈骗犯罪主要是利用国内电信运营商为经济利益而默许透传、改号等功能，而现行法律并没有对这一行为进行定性，有待于通过立法或解释做出规定。

第三，涉黄犯罪呈增长和多样化趋势。

上述"'艾滋女'闫德利事件中的侮辱罪、诽谤罪""90 后'贱女孩'包包与阿紫举报源源影视工作室'潜规则'和组织卖淫案"等案件都是涉黄引发的犯罪案件。在涉黄的案件中，犯罪嫌疑人往往在他人的"性意识"或"性观念"上做文章，通过性的商品化和娱乐化，诽谤或诱惑他人传播淫秽色情、卖淫嫖娼等。从全国"扫黄打非"办公布的《2010 年"扫黄打非"十大案件》看，直接涉黄的案件就有 4 个，即江苏无锡"12·02"手机网站传播淫秽色情物品牟利案、贵州贵阳"4·01"批销淫秽音像制品案、湖北荆州"8·24"网络传播淫秽色情信息案、四

① 胡新桥：《电信诈骗定罪关键看次数而非金额》，《法制日报》2011 年 7 月 8 日。

川成都“8·19”批销淫秽盗版光盘案，① 犯罪手段呈现出手机化、音像制品化、网络化等趋势。从2012年10月最高人民法院公布的“扫黄打非”典型案例“王同林等传播淫秽物品案”②看，涉黄犯罪还呈现出集团化、年轻化的突出特点。

第四，“煽动颠覆国家政权罪”具有时代特征。

刘晓波案表明，“超出言论自由的范畴”可构成“煽动颠覆国家政权罪”。这是我国《刑法》第105条规定的“组织、策划、实施颠覆国家政权、推翻社会主义制度”，或“以造谣、诽谤或者其他方式煽动颠覆国家政权、推翻社会主义制度”的犯罪。这一犯罪具有鲜明的时代特征，即具有利用现代传媒，通过造谣、诽谤等方式煽动颠覆国家政权的共性。1996年10月，王丹因“煽动颠覆国家政权罪”被判处有期徒刑11年，剥夺政治权利2年。2004年6月，杜导斌因在互联网上公然发表《论颠覆政府是合法的》等文章，大肆散布煽动颠覆国家政权的诽谤性言论，被孝感市中级人民法院以“煽动颠覆国家政权罪”判处有期徒刑3年、缓刑4年、剥夺政治权利2年。刘晓波被判处犯“煽动颠覆国家政权罪”后，出乎意料的是，挪威诺贝尔委员会将2010年

① 2010年“扫黄打非”十大案件的另外六大是：河北衡水“3·27”非法出版期刊案、山东梁山“9·19”盗版教辅图书案、黑龙江哈尔滨“3·07”特大销售非法出版物案、河南新乡“9·03”非法印刷盗版图书案、新疆“1·01”特大制售非法出版物案、河南新乡“9·14”非法印刷盗版图书案。参见朱磊《2010年“扫黄打非”十大案件公布》，《法制日报》2011年1月5日。

② 2011年5月至12月期间，王同林、杨剑华、黄勇等10人明知他人创建的某色情网站为传播淫秽电子信息网站，却仍然先后申请为该网站的版主、超级版主，并分别对网站指定的板块进行管理，允许或放任他人在其管理的板块内发布淫秽电子信息。江苏省南京市江宁区人民法院以传播淫秽物品罪依法分别判处10人有期徒刑十个月至拘役六个月，缓刑一年不等。10名被告人中有7人为80后、90后。参见胡建辉《三起“扫黄打非”典型案例公布》，《法制日报》2012年10月11日。

的诺贝尔和平奖授予了他。境外媒体也以“因言获罪”为由，为其辩护。因此，在法律和法理上探讨“超出言论自由的范畴”而构成犯罪的条件，具有重要现实意义。

言论自由是我国《宪法》第35条规定的公民的基本人权之一。在联合国的一些法律文件和许多国家的传媒法中，言论自由的权利进一步被引申为表达自由。但是表达自由不是绝对的，世界各国几乎都允许通过法律或判例对其设置一定的限制。有学者指出：“言论自由的行使必须遵循宪法所规定的自由权利的规则，违反规则从而产生潜在的社会危害性，是对自由的滥用。”① 我国《宪法》第31条明确规定：“中华人民共和国公民在行使自由和权利的时候，不得损害国家的、社会的、集体的利益和其他公民合法的自由和权利。”如果以言论自由为幌子实施了损害国家的、社会的、集体的利益和其他公民合法的自由和权利的行为，这一行为在本质上就已经丧失了行使言论自由的一般特征，因此不属于言论自由的保护范围，相反应当受到法律的制裁。美国众议院1836年就做出了一项言论限制规则，规定：“无论以何种方式或在何种程度上与奴隶制或奴隶制的存废有关的请愿、建议、决议、提议或文章都不得复印或提及，而应予搁置，且从此不再采取任何进一步之行动。”② 另外，美国联邦最高法院在判决中也曾多次表明言论自由并非绝对不可限制，提出“明显而即刻的危险”原则来限制言论自由的霍姆斯大法官指出：“自由从来就不是绝对的，像其他权利一样，关于言论出版自由的权利是有限的，它的自由行使意味着一个有组织的社会的存在，一种公共秩

---

① 徐显明、闫国智：《言论自由的法律思考》，《法学》1991年第8期。

② ［美］埃尔斯特、［挪威］斯莱格斯塔德编：《宪政与民主——理性与社会变迁研究》，潘勤、谢鹏程译，生活·读书·新知三联书店1997年版，第33页。

序的存在，没有这种秩序，自由就会被滥用，甚至丧失殆尽。”① 在美国的司法实践中曾先后确立了明显而即刻的危险原则、恶劣及危险倾向原则、优先适用原则、明白而可能危险原则等，用于限制言论自由和处罚相关的违法犯罪行为。如美国的费城一直被誉为“更宽容”的城市，但是2010年10月，美国男子胡安·罗德里格在总统贝拉克·奥巴马参加的一场集会上裸奔，结果被费城法院以扰乱治安、妨碍风化等罪名判处2年监外查看。②

在我国，判处“煽动颠覆国家政权罪”是有条件的。从我国《刑法》第105条的规定和司法实践情况看，构成“煽动颠覆国家政权罪”的行为，至少应具有两个基本条件：第一，该行为必须是以造谣、诽谤或者以其他方式实施的。第二，该行为必须具有严重的社会危害性。审判实践告诉我们，并非所有的以造谣、诽谤为手段的煽动颠覆国家政权的行为都构成犯罪，其中区分罪与非罪的标准是要看某种煽动行为有无严重的社会危害性。这一标准就是煽动颠覆国家政权罪与一般的煽动性言论之间的实质界限。正确把握这个“实质界限”，也就解决了煽动颠覆国家政权与言论自由的界限。关于“超出言论自由的范畴”和构成犯罪的条件，我国刑法和其他法律并没有做详细的规定，而主要取决于法院的认定和裁判。为了便于法院掌握煽动犯罪的标准，刑法应做出相应的修改和补充，最高人民法院也应在参考国际经验的基础上，制订出一个便于认定和操作的司法解释。

其实，以言辞为表现形式的犯罪行为，在世界许多国家的法律和有关国际公约中均有规定。如《美国法典》第115章第2383、2385条规定，对煽动、实施、协助或进行叛乱或造反以反对美国当局或其法律的行为；蓄意或故意鼓吹、煽动、劝说或讲

① 龚祥瑞：《比较宪法与行政法》，法律出版社1985年版，第157页。

② 赵丽、余飞编：《美国一男子在奥巴马面前裸奔获刑》，《法制日报》2011年2月1日。

授理应、必须、值得或宜于以武力或暴乱或通过暗杀政府官员的方式，推翻或摧毁美国政府或任何州、领地、特区或占领地政府，或任何下级政治机构或政府的行为，判处刑罚。英国《1351年叛国法令》规定图谋废除女皇或发表煽动上述意图行为违法。德国《刑法》第90条b规定了针对宪法机构实施敌对宪法的诋毁犯罪。意大利《刑法》第342条规定了侮辱政治、行政或者司法机构罪。加拿大《刑事犯罪法典》第61条规定，发表煽动性语言文字、参与煽动性的活动构成犯罪。澳大利亚法律规定鼓吹、煽动推翻联邦宪法或政府的行为违法。又如《公民权利和政治权利国际公约》第20条规定，鼓吹民族、种族或宗教仇恨的，应以法律加以禁止。《美洲人权公约》第13条规定，思想和表达自由不能突破保护国家安全、公共秩序、公共卫生或者道德等界限。这些法律、公约的规定，对于我国完善“煽动颠覆国家政权罪”的规定和条件具有一定的参考价值。

## 四　我国网络法的理论与实践

2011年，全世界的网民人数已经接近20亿。从信息传播的量上看，网络已成为全球最重要的信息传播工具。随着网络使用的全球化和飞速发展，与网络使用有关的问题也越来越受到人们的关注。根据国务院新闻办公室的统计，截至2010年11月底，我国网民人数已经达到4.5亿，年度增长率为20.3%，中国互联网的普及率达到33.9%。互联网已经成为中国经济社会运行的重要基础设施和影响巨大的新型媒体，极大地促进了中国科技、经济、政治、社会、文化的发展，促进了中国社会文明进步和人民生活水平的提高。根据北京师范大学新闻中心2010年对北京大学、清华大学、中国人民大学和北京师范大学等十余所代表性高校所做的问卷调查，约超过七成的大学生每天上网时间在4小时以内，其中从未上过网的占0.2%，小于1小时的占15.6%，1—2小时的占31.2%，2—4小时的占30%，4—6小时的占16.5%，6—8小时的占4.4%，8小时以上的占2.1%。大学生上网方式以电脑为主，手机上网也较为普遍。上网目的以娱乐为主，兼顾交流和学习，其中娱乐占28.1%，学习占26.2%，网上聊天、交友占22.1%，实用资讯搜集占10.5%，新闻获取在线阅读占8.6%，购物占4.5%。因此，“对于当代大学生来说，网络已无处不在，成为生活的必需品”①。

在个人电脑逐渐走入寻常百姓家为生活提供便利的同时，问题也出现了。近来，网络对网民心理的影响受到关注。其中，年轻网民的网络心理健康问题特别是大学生网络健康问题显得尤为

---

① 北京师范大学新闻中心调研组：《象牙塔里的网络生活——2010年大学生网络文化调查报告》，《光明日报》2011年1月18日。

突出。网络作为新兴媒介，已成为新一代大学生越来越推崇的一种沟通和排遣方式。但由于网络特有的隐秘性和虚拟性，有时网络也会成为诱发心理问题的“恶之花”。

互联网在国家和社会生活中的作用越来越重要了，可以说在某种程度上网络已经成为现代传媒的主要方式，社会已进入了一个“网络时代”。如2010年的流行语“给力”“神马都是浮云”“我爸是李刚”“羡慕嫉妒恨”“你应该知道的”“鸭梨”“非常艰难的决定”“微博”“二代”“达人”“穿越”等用语都首先出自网络文章，其中“给力”和“微博”两词还入选了2010年度中国媒体十大流行语。著名学者江平教授在谈到网络与群众意见表达时指出：“现在各种媒体渠道包括互联网所反映的民意，应该说在推动改革上，仍然是一股不可忽视的力量。”① 这是因为，有许多问题是通过网络和微博反映出来，从而引起行政、司法甚至立法部门关注和重视的。如2011年的“郭美美事件”就是一个例证。2011年6月21日，新浪微博上一个名叫“郭美美Baby”的网友颇受关注，这个自称“住大别墅，开玛莎拉蒂”的20岁女孩，其认证身份居然是“中国红十字会商业总经理”，其真实身份也众说纷纭，由此引发很多网友对中国红十字会的非议。媒体的调查显示，郭美美和一家名为中红博爱的资产管理有限公司有着密切关系。中红博爱是红十字会项目“博爱社区服务站”的运作方，而这一项目是以中红博爱与商业红十字会的合作之名展开商业开发的。② 北京市公安局官方微博“平安北京”则连发三条微博通报郭美美事件，称经查，郭美美及其母与中国红十字总会无直接关联。郭美美只是在网上炫富而已，却无知者无意无惧地打开了中国红十字

---

① 朱又可：《大国崛起靠经济，但长久维持靠法律——专访中国政法大学终身教授江平》，《南方周末》2011年1月13日。

② 言木：《郭美美母女露面迷局澄而不清》，《第一财经日报》2011年8月4日。

会的潘多拉盒子，在把中国红十字会推上舆论风口浪尖的同时，引发公众对中国慈善的信任危机。一切的源头恰恰是因为红十字会是一个特殊的团体，按照《社会团体登记管理条例》总则的规定，即是免予登记的团体。而红十字会作为一个不用登记注册的组织，却还拥有一部《红十字会法》，该法又规定只要经过总会审批便可以建立二级分会，而这些行业分会在性质上是免予登记的。商业红十字会不是社团的二级，它是独立于民政部门的。这恰恰说明计划体制下的社团体系行政规则，跟市场体制下按法律法规注册监管运行的立法规则是冲突的。郭美美事件就是钻了这样的空子。人们都搞不明白商业红十字会是哪里钻出来的，但红十字会的名头非常之大，所以，很多公司及个人便可以借这个名字行招摇撞骗之实。这一事件暴露的不仅是红十字会内部的管理问题，更多的是体制问题，而且是按照目前的法律解决不了的问题，只有通过改革和立法才能彻底避免。

有学者还认为，互联网不仅已经改变了普通民众的生活，同时也开始逐渐改变政治生态环境。由于一个“巨型网民社会”正在形成，因此分析网络问政的政治原则已成为现代政治生活的一个现实课题了。① 从现如今的参政方式看，可以说网络问政是探索社会主义民主政治的一种新途径，它开辟了公众参与政治的新渠道，为“协商性民主”或“参与式民主”进入中国的日常政治生活提供了可能。另一方面，为了应对网络传播带来的消极影响和网络犯罪，网络的监管、立法和司法也出现了前所未有的挑战。2011 年年初，深圳福田警方成立了我国第一个“网络派出所”，致力于打击日益泛滥的非接触性犯罪。这被认为是契合时

---

① 江胜尧：《网络问政的政治学原理》，《中国社会科学报》2011 年 6 月 23 日。

代要求的，是与时俱进的，也是为民谋福利的“发明创新”，[①]值得在全国大力普及推广。

### （一）网络的自由与规制

“在互联网上，没有人知道你是一条狗。”[②] 这曾经是网络史上最著名的一句话，它是人们根据网络的特性，针对网络的虚拟性、隐蔽性所做的颇有几分夸张的描述。网络确实改变了过去那种社会交往与控制的模式，给人们创造了前所未有的信息空间和信息自由。然而，在互联网上真的会永远没有人知道你是一条狗吗？长期以来，人们一直认为，在互联网上，无法对网络空间进行限制。它“无法被规制”，它“天生的能力”就是抵制规制。这是网络与生俱来的性质和本质。法律对那里的行为的约束力相当有限。任何人在任何地方，可向任何人和任何地方发表作品。网络允许作品得以发表而免于审查、编辑或承担责任。人们可以写其所想，可以署名也可以不署名，可以将作品粘贴到全世界的机器上。几个小时之内，作品将流传四方。网络取缔了现实空间中最主要的言论制约因素——出版者与作者的分离。网络空间造就了现实空间绝对不允许的一种社会——自由而不混乱，有管理而无政府，有共识而无特权。

但事实并非如此。由于技术上对网络的硬性控制暂时未能跟上，给人一种假象，似乎因特网是一个自由主义的乐园。但这只意味着权力组织尚缺乏管理经验，并不意味着它们没有管理能力。因特网给出的这一难题，可能暂时削弱了控制力量，但从长远看，硬性的控制会以同样大的科技手段实现，从技术

---

① 杨振威：《“网络派出所”应实现跨地域发展》，《法制日报》2011年1月14日。

② 原话是“On the Internet, nobody knows you are a dog”，来自美国杂志《纽约人》（*New Yorker*）1993年7月5日刊登的一幅漫画的标题。

上获得自由和从技术上予以控制，从来是身影关系。对网络的规制主要来自于两个方面：一个是商业方面的，另外一个来自于政府。规制的主要工具就是代码。在网络空间里，代码就是法律，对代码的控制就是权力。① 随着人们对网络及其社会问题的反省，网络立法和司法被提上了各国立法和司法改革的议程。正如有学者指出的那样："在当前的世界中，我们会越来越清楚地看到，代码作者们是立法者。他们决定因特网的缺省设置应当是什么，隐私是否将被保护，所允许的匿名程度，所保证的连接范围。他们是设置因特网本质之人，他们决定对网络进行编码，因而决定网络应该是怎样的。"② 除了代码控制以外，政府还可以通过颁布法律、文件等形式来对网络空间进行规制，这也是目前各国通用的做法。我国近年来掀起的打击低俗、黄色网站，禁止网上"钓鱼"、发布虚假信息、侵犯隐私等举措即是根据政府有关部门的文件和法律展开的行动。现如今，商业力量和政府力量正在以看得见的手或看不见的手从网络架构、市场、法律和社会规范等方面对网络空间的行为进行规制。网络空间正在从相对自由的世界走向越来越受控的世界，正在逐步背离早期因特网的初衷。随着网络立法和司法的发展，我们有理由相信，今后在网络上不仅有人知道你是一条狗，而且还有办法知道你是一条好狗还是恶狗！

### （二）网络与反腐败

自2008年被称为"网络反腐年"以来，从"猥亵官员林嘉

---

① 陈力丹：《论网络传播的自由与控制》，《新闻与传播研究》1999年第3期。

② ［美］劳伦斯·莱斯格：《代码——塑造网络空间的法律》，李旭、姜丽楼、王文英译，中信出版社2004年版，第75页。

祥”①、“天价烟局长周久耕”②、“局长日记”③ 到“十不知局长王瑞林”④ 等众多由网民曝光的社会事件层出不穷，网民通过网络实现了自己的监督权利。人民网舆情监测室在分析2009年77件影响力较大的社会热点事件时，发现由网络爆料而引发公众关注的有23件，约占全部事件的30%。2009年9月18日十七届四中全会通过的《中共中央关于加强和改进新形势下党的建设若干重大问题的决定》指出，要加强网络舆情分析，健全

---

① 2008年10月，网友爆料，一位自称“北京来的高官”的男子在深圳某酒楼猥亵一名11岁的女童，帖子发布后立即引起社会广泛关注。网友很快指认出，这名男子是时任深圳海事局党组书记、副局长林嘉祥。事发两天后，深圳海事局紧急召开新闻发布会，宣布林嘉祥已被停职。11月5日下午，深圳市公安局召开新闻发布会，对南山“10.29”深圳海事局原党组书记林嘉祥涉嫌猥亵11岁女童的案件调查情况进行通报。警方调查结果显示，林嘉祥在此事件中的所作所为尚不构成猥亵儿童等违反治安管理行为，仅为酒后行为不当，警方以证据不足不予立案。

② 2008年12月10日，南京市江宁区房产局局长周久耕在接受媒体采访时出言不逊激怒居民，一些网民对其发起“人肉搜索”，指责他抽高价烟、戴名贵表、开高档车，建议纪委对其进行查处。12月28日，周久耕被免职。2009年10月，周久耕被南京市中级人民法院以受贿罪判处有期徒刑11年。

③ 2010年2月28日，广西烟草系统干部韩峰的日记在网上广为流传。日记记录了2007年1月到2008年1月时任来宾市烟草局局长的韩峰吃喝玩乐、情色和收受贿赂等情况。3月1日，广西壮族自治区烟草局回应“日记内容并非空穴来风”，韩峰已于2月22日被停职接受调查。3月8日，韩峰被广西壮族自治区检察院以涉嫌受贿罪批准逮捕。2010年12月14日，南宁市中级人民法院依法对被告人韩峰受贿一案做出一审判决，以受贿罪判处韩峰有期徒刑13年，并处没收个人财产10万元。

④ 2010年3月14日，河南新密市东兴煤业有限公司发生重大安全事故，造成25名矿工不幸遇难。次日中午，新华社记者在矿难现场，向新密市安监局局长王瑞林问了十多个关于矿难的问题，其中有10个他回答“不知道”。这个“一问十不知”的庸官在网上被猛批后，3月17日被新密市委下令免职。

反腐倡廉网络举报和受理机制、网络信息收集和处置机制。同年中央党校出版社出版发行的《中共党建辞典》将“网络反腐”一词收录其中，这是网络监督在反腐败中的作用得到中央高层认可的一个重要标志性事件。可以说，从网络社会出发，积极培育人民群众的权利意识，是未来中国反腐败的大趋势。有的网友甚至把网络、媒体看成是唯一的或主要的反贪手段。

传统的反腐手段有一个很大的缺陷，就是只有相关部门掌握相关信息，处理的形式和进度只有当事人清楚，查处过程中一旦遇到干扰和阻力，最后往往不了了之。而数量庞大的网民群体可以搜集到腐败分子较多的腐败证据，且传播迅速，一旦证据被曝光，网民会不断进行转载，产生极强的放大效应，短时间内便会引起社会的广泛关注。因为，网络上的热议会给相关部门以较大的压力，推动查办案件工作的进度，提高腐败行为被调查的概率和查处的速度，也增强了对事件查处的透明度。公民监督权以前被认为是写在宪法上的权利，网络的兴起，为公民监督权的行使提供了更为现实的平台。下面，以“天价烟局长周久耕”案件的发生到判决为例分析网络监督的特点。

2008年12月10日，南京市江宁区房产局局长周久耕在接受媒体采访时表示，对于开发商低于成本价销售楼盘，将和物价部门一起进行查处。这一消息经过媒体报道后，引起各方批评与质疑。一些网民因对其观点不满而引发对其个人不满，进而发起“人肉搜索”，指责他抽高价烟、戴名贵表、开高档车，建议纪委对其进行查处。12月14日，周久耕开会时的照片被网友“保存一百年”上传至各大论坛，网友们关注的不是周久耕本人，而是他手上拿着的一盒烟。网友进行一番人肉搜索后发现，周久耕所抽的烟是南京卷烟厂生产的“南京”牌系列“九五之尊”香烟，每条售价1500元至1800元之间。12月15日，网友曝周局长所戴名表“江诗丹

> 顿”，一只10万左右。周久耕因擅自对媒体发表不当言论，在社会上产生了不良影响，调查表明他还存在用公款购买高档香烟的奢侈消费行为，江宁区委经研究决定免去其房产管理局局长职务。对网上反映的其他问题，纪检部门经过调查发现周久耕涉嫌受贿壹百壹拾余万元。2009年3月20日周久耕被开除党籍、开除公职，并被移送司法机关依法处理。2009年10月10日，周久耕因受贿罪被南京市中级人民法院一审判处11年有期徒刑。判决后周久耕对法院的判决表示满意，没有提出上诉。

在2010年2月22日中央电视台的“今日说法”论坛上，围绕“人肉搜索——一把双刃剑”的主题，社区居民、学者、法官、律师等人士展开了议论。对于上述周久耕案件，有居民认为在“人肉搜索”周久耕的同时，也侵犯了周久耕的个人隐私权。中国人民大学法学院的杨立新教授认为：由于网民对周久耕的“人肉搜索”系出于“公共利益”和周久耕是作为公务员的“公众人物”这样两大理由，因此对周久耕的“人肉搜索”不属于网络侵权。在本案中，“人肉搜索”的主要刀刃属于“网络监督”，由于其监督的作用和效果远远大于暴露“隐私”的功能，因此是一个值得肯定的做法。

“网络监督”自2008年被确认和提倡以来，由网民发帖讨论引发的反腐倡廉热点事件不断曝光，① 网络对党政干部的舆论监督呈现出前所未有的力量，发挥了其他监督手段不可替代的作用。但是，由于网络监督目前缺乏法律规制，网民个体素质

---

① 如有网友在网上发帖称，1986年出生的女孩王圣淇，2008年开始工作，2010年7月便被提拔为辽宁石油化工大学国际教育学院副院长。王圣淇被传是某市长的女儿，校方却称这一任命是在有意识地培养年轻干部。这一事件引起了全国广泛的议论和监督。参见王学进《“25岁大学副院长”的恶心看点》，《嘉兴日报》2011年2月17日。

参差不齐，网络监督不可避免地带有一定的自发性、主观性、片面性和随意性。其大众化和匿名性的特点，在监督权力行使主体、揭露腐败现象的同时，容易造成不良信息的迅速传播，甚至侵害公民隐私权、名誉权，涉嫌侮辱诽谤罪。这是一个需要研究和规范的问题，需要有关部门为网络监督立法设网，依法引导和治理。

### （三）微博的维权、增权与侵权

2011 年发布的《舆论蓝皮书》指出，微博已经击败传统纸媒、电视甚至门户新闻网站和论坛，成为网民爆料的首选媒体。微博传播甚至开创了一种“微博爆料——传统媒体”的新的舆论形成机制，并且因其低门槛性、实时性以及人脉链接的独特性，形成了以往传统增权方式难以比拟的增权优势，以通过微博平台建立自助和辅助体系的方式实现社会资源分享、个人权能增值以及利益群体形成。① 当然，微博的传播过程，也有可能产生流言飞语、侮辱诽谤等负面因素，甚至造成侵犯公民隐私权、名誉权，泄露商业秘密，损害公共利益等事件。因此，在肯定微博的维权、增权的独特价值和功能的同时，应依法防止、治理微博维权、增权出现过界的行为。

下面，我们结合 2010 年发生的“跨省刑拘案”来分析微博的维权、增权功能与界限。

> 甘肃省图书馆助理馆员王鹏曾多次写信举报大学同班同学马晶晶，认为特殊的高官家庭背景助其在公务员招考中作弊。2010 年 11 月 23 日，宁夏吴忠市公安局利通区分局派人赴甘肃以涉嫌诽谤罪将王鹏刑事拘留。11 月 27 日，王鹏的

---

① 向志强、简洁：《微博传播可成为增权的重要途径》，《光明日报》2012 年 5 月 26 日。

父亲王志昌赶到北京向清华大学法学院教授周光权求助，周光权让曾在媒体供职的学生陈杰人在新浪博客、新浪微博上发布了王鹏被跨省刑拘的消息。博客上的消息被删除了，但是微博上的信息却保留了下来。随后的几天，陈杰人一直在微博上更新动态，这些消息也得到了大量的转载，众多媒体记者、学者也在微博上关注这一事件的进展。公众的转载、讨论，迅速让此案连续几天成为微博的热点话题。截至2010年12月2日21时，"王鹏诽谤案"竟名列微博热门话题榜前列，提及次数达20650次。①

2010年12月2日，吴忠市委、市政府召集媒体记者开会，通报决定纠正利通区公安分局跨省刑事拘留王鹏错案，指出：本案发生后，引起了社会各界的关注和热议。审查结果认为，利通区公安分局在办理王鹏案件中存在过错，将本应属于自诉法律程序的案件按照公诉案件办理，属于错案，应予纠正，决定立即解除对王鹏的刑事拘留。并决定对处理本案负有直接领导责任的市公安局副局长、利通区公安分局党委书记、局长何泽祥予以免职，责成利通区区委对负有分管责任的利通区公安分局党委副书记、政委汪红东予以免职，责成有关部门对涉及本案的相关事宜做进一步调查。

从文化传媒法的角度看，本案主要涉及下列两个问题：第一，诽谤罪的自诉与公诉界限。第二，微博的舆论监督功能及其界限。关于诽谤罪的自诉与公诉问题，我国《刑法》第246条有一个规定。该条第一款规定："以暴力或者其他方法公然侮辱他人或者捏造事实诽谤他人，情节严重的，处3年以下有期徒刑、拘役、管制或者剥夺政治权利。"同条第二款规定："前款罪，告诉的才处理，但是严重危害社会秩序和国家利益的除外。"可见，

---

① 谢雪琳：《微博再发力》，《第一财经日报》2010年12月3日。

诽谤罪虽然是自诉案件，但也有例外，在司法实践中容易被误解和滥用。根据2009年3月公安部下发的《关于严格依法办理侮辱诽谤案件的通知》，“严重危害社会秩序和国家利益”的情况主要有三种：（1）因侮辱、诽谤行为导致群体性事件，严重影响社会秩序的；（2）因侮辱、诽谤外交使节、来访的外国国家元首、政府首脑等人员，造成恶劣国际影响的；（3）因侮辱、诽谤行为给国家利益造成严重危害的其他情形。本案中，王鹏发帖举报公务员招录徇私舞弊的情形显然不属于“严重危害社会秩序和国家利益”的情形。

王鹏举报马晶晶公务员招录作弊的行为，从马晶晶的立场看，首先应该是一个是否构成侵害名誉权的纠纷。根据我国《民法通则》第129条的规定，马晶晶首先可以向法院提起民事诉讼，有权要求停止侵害，恢复名誉，消除影响，赔礼道歉，并可要求赔偿损失。其次，马晶晶可以按照《刑事诉讼法》第170条等规定，直接向法院提起刑事诉讼。但是在本案的处理中，马晶晶没有走民事诉讼和刑事自诉程序，而是选择向公安机关报案和请求公安立案介入的办法处理或然的“诽谤”行为，属于“错告”行为。吴忠市公安局利通区分局不分青红皂白，跨省刑拘涉嫌“诽谤罪”的公民，则属于滥用职权和非法办案的范畴。

关于微博的舆论监督功能，在本案的纠错和公正处理中展现出了其他媒体无法取代的关键作用。这是因为，与早已流行的互联网论坛和博客相比，微博140字的限制和便捷的转发机制及对终端设备的简单要求，不但降低了内容制作成本，而且也降低了民意表达的门槛。微博以秒计算发布信息，以秒计算获得反馈，能迅速形成一个广泛互动的舆论园地，这是论坛和博客等媒介所无法企及的功能。在2011年年初的全国政协会议上，有政协委员建议政府重要部门应开通微博服务民众，认为“政府开微博至少有三个好处”：一是政府和人民群众获取或发布信息的时效更加及时，方式更加便捷，途径更加多元；二是政府可以通过官方微博，及时公布政情、资讯，获取与民众更多、更直接、更快的沟通；三是建立服务型政府的必然要求。①

当然，与其他媒介的舆论功能一样，微博也存在“两面性”② 和“哈哈镜”③ 的问题，即在具有普及性、快捷性和传染性等特点之外，也容易助长虚假信息传播、放大不良情绪，构成侵权。

> 2010年，因为软件兼容等问题，北京金山安全软件有限公司与北京奇虎360科技有限公司董事长周鸿祎利用微博平台大打口水战，最终对簿公堂。2010年5月25日周鸿祎在新浪微博上写道：“前阵子有人在网上大规模发两段拼接起来的视频，说什么360手机卫士窃取用户隐私。我开始以为又是某星或某禽在干这种下三烂的勾当，追查后却发现，暗地里搞鬼的竟然是某山。某星至少是公开站出来明刀明枪地干，某山呢？当面一套，背后一套，而且每次都要嫁祸于人，不愧是杀毒行业的岳不群。”接下来又说，“金山网盾如何成为木马下载通道？自今年4月起，大量360用户在论坛发帖求助：只要一打开浏览器，就会自动访问一个名为67160网址导航的陌生网站，里面全是各种诈骗信息。这源于金山网盾的浏览器主页锁定功能存在的一个安全漏洞”云云。2010年7月，金山公司以侵犯名誉权为由将周鸿祎告上法庭，诉称2010年5月25日开始，周鸿祎相继在新浪、搜狐、网易、腾讯等网站通过微博发表所谓“揭开金山公司面皮”的系列文章，该系列文章未经调查核实，散布大量诋毁

① 邵泽慧：《我是“微博控”》，《北京晚报》2011年3月3日。

② 闫磊：《怎样看微博的“两面性”》，《光明日报》2011年8月19日。

③ 黄逸宇：《言论自由的代价与底线》，《人权》2012年第1期。

金山公司商业信誉及产品声誉的不实言论。周鸿祎在微博中使用了“偷鸡摸狗”“搞阴谋”“作伪证”“借刀杀人”等明显带有侮辱、贬损性语言，使社会公众通过网络及随后的平面媒体报道，对金山公司及“金山软件”品牌产生了重大误解，造成公司社会评价降低。故请求法院判令周鸿祎侵权，消除影响并赔偿经济损失1200万元。2011年3月，北京市海淀区人民法院认定，360科技有限公司董事长周鸿祎构成名誉侵权，判令其向金山公司赔偿8万元，并连续7天在新浪、搜狐、网易三大网站的微博首页刊发致歉声明。法院在判决书中指出：个人微博的特点是分享自我的感性平台而非追求理性公正的官方媒体，因此相比正式场合的言论，微博上的言论随意性更强，主观色彩更加浓厚，相应对其言论自由的把握尺度也更宽。但是，作为公民现实社会的投影和延伸，微博中的言论自由也并非没有限制，其行使不得侵犯他人的合法权利。① 一审判决下达后，原告和被告双方均不服，各自提出上诉。2011年8月，北京市第一中级人民法院做出二审判决：周鸿祎的微博言论构成侵权，向金山公司赔偿5万元，并须连续7天在新浪、搜狐、网易三大网站的微博首页刊发致歉声明。此案被认为是国内首例因微博言论引发的诉讼案，且因索赔数额巨大，被称为国内“微博第一案”。②

不久，2012年3月16日，江西首例微博名誉侵权案一审宣判，抚州市临川区法院认定公民的真实姓名、工作单位和手机号

---

① 赵杨：《国内“微博第一案”：周鸿祎被判侵权赔金山8万元》，《南方周末》2011年3月28日。

② 亚欧：《微博首案终审周鸿祎少赔3万》，《青年时讯》2011年9月9日。

码等身份信息属于个人隐私，微博用户不得随意传播。①

另外，微博也有可能被一些不法之徒利用于谋取私情和私利，2011 年 4 月溧阳市卫生局局长谢志强利用微博谈情说爱一案即是一个明证。以“为了你 5123”为 ID 的谢志强，4 月 26 日发表博文致“Y 珍爱一生 Y”：“在上海买东西没有啊，我给你报销。”5 月 25 日又致“Y 珍爱一生 Y”：“宝贝，今后我们还是少通电话少发短信，微博上见。想得厉害微博上约好在什么地方见，好吗?”根据《现代快报》的报道，微博上的“为了你 5123”和女方“Y 珍爱一生 Y”都只关注对方一人。当记者向谢志强核实微博是否其本人所发时，谢志强诧异地反问记者：“你看得到我的文字吗?”而这句话也迅速成为流行语，在微博上流

① 2011 年 12 月 6 日，吴清参观了即将竣工的抚州名人雕塑园后，以“吴越方舟”的网名在新浪微博上贴出一段文字：“抚州名人园，建造得像故宫，对面的市政府乍一看像天安门。园里不仅有名人还有樟树、银杏等名树木。还有石林，抚州真有钱!”12 月 12 日，“透明杨小喵”在微博上公开了“吴越方舟”的真实姓名、工作单位及手机号码，并将“吴越方舟”的评论“新法制报记者吴清，无素质污言秽语泼妇骂街抨击两位无意评论她微博的博友，心虚？炒作？还是本来素质就如此?”链接到吴清的同学、同事的微博以及《新法制报》官方微博上。此后，吴清通过各种途径了解到“透明杨小喵”正是抚州名人园管理部门的职工杨雯雯。12 月 17 日，吴清将杨雯雯告上法庭，要求被告停止侵害名誉、隐私权，消除不利影响、恢复名誉，在单位官网发布道歉声明，并赔偿 1 元精神损失费。2012 年 3 月 16 日，临川区法院依照我国《民法通则》第 120 条的规定，判决被告杨雯雯于判决生效后三日内停止对原告吴清的侵害行为，删除刊登在新浪微博上对原告的评论内容及原告的真实姓名、工作单位和手机号码。同时，被告于判决生效后七日内在新浪微博“透明杨小喵”首页上刊登向原告的道歉函，并链接到原告单位《新法制报》官方微博上，刊登天数不少于 7 天，道歉函的内容须经法院核定。对于原告吴清索要的“1 元精神损失费”的请求，因原告没有提供证据证明其受精神损害已造成严重后果，法院故对此不予支持。参见郭宏鹏、黄辉、元春华、邹节辉《江西首例微博名誉侵权案一审宣判》，《法制日报》2012 年 3 月 21 日。

传开来。① 2011 年 6 月 21 日，溧阳市委召开常委会，决定撤销谢志强溧阳市第十一届党代会代表资格、停职检查、接受组织调查。可见，微博也应有一个合理的界限，即禁止炒作、操纵、传播虚假信息和谋取私情私利。

### （四）网络与表达自由

我国的表达自由原则，既有国内《宪法》的渊源，又有国际法的渊源。我国《宪法》第 35 条明确规定："中华人民共和国公民有言论、出版、集会、结社、游行、示威的自由。"我国政府于 1998 年 10 月签署的《公民权利和政治权利国际公约》第 19 条第 2 款规定："人人享有表达自由；该权利应当包括以口头、书面或印刷物，艺术或自己选择之其他方式，不分国界地寻求、接受和传播各种信息和思想的自由。"另外，《世界人权宣言》第 19 条也规定："任何人都有权享有发表意见和表达的自由；这一权利包括不受干扰地坚持自己意见的自由，通过媒体，不问国界地寻求、接受和分享信息的自由。"网络是人类表达的新媒介之一，网络传播中体现出来的表达自由是指公民通过网络寻求、接受和传播各种信息和思想的自由，因此网络表达是表达自由的一种新形式。

世界上没有绝对的自由，表达自由也不例外。有学者认为，遵循程序正义和实体正义，对表达自由进行限制，本身就是对自由的保障，因此保障是根本、限制是手段，限制是为了更加有效地实现表达自由的社会价值。如果只注重自由的保障，而无视对自由的规范，人人将不再享有自由，因为任何人都可以自由的名义去压制摧残别人的自由；如果是本末倒置，对表达自由进行一味地限制或随意的限制，自由将不复存在。这就是表达自由的保

① 胥会云、吕倩：《纪委介入调查溧阳卫生局长微博谈情被停职》，《第一财经日报》2011 年 6 月 22 日。

障和限制之间的辩证关系。① 在法律上首先对表达自由产生限制的是保护名誉权，即表达自由不能侵犯他人的名誉权。有学者认为“要在这两者之间达到恰到的平衡”②，或者“对于网络诽谤行为的刑事制裁，必须兼顾表达自由与名誉权的平衡”③。笔者认为平衡不是这两者关系的常态，这两者之间的关系经常是不平衡的，最终应由法院根据社会情势做出一个倾向于宽容网络表达或加大保护名誉权的判决。如 2011 年美国俄勒冈州联邦地方法院做出一项判决，认为互联网用户在自己的“博客”上发表文章，不享有新闻记者才享有的“拒绝透露消息来源”的权利，文章作者应当承担法律责任。④ 更有一种肯定的不平衡是大陆法系国家通行的出于公共福祉而对名誉权的限制。在许多国家，名誉权也被作为宪法上的权利而得到保障，如我国《宪法》第 38 条规定公民的人格尊严不受侵犯，禁止用任何方法对公民进行侮辱、诽谤和诬告陷害。这一权利即使以虚名方式也应得到适当的

① 王锋：《表达自由及其界限》，社会科学文献出版社 2006 年版，第 306 页。

② 王眉：《网络传播中的名誉侵权问题研究》，中国广播电视出版社 2008 年版，第 18 页。

③ 于志刚：《表达自由权与名誉权需平衡》，《法制日报》2011 年 12 月 17 日。

④ 被告克丽丝特尔·考克斯运营着数个与法律相关的博客网站。从 2010 年开始，她在博客上发表数篇文章，严厉指责投资企业黑曜石金融集团及其联合创办人凯文·帕德里克，称对方在处理一起破产案时行为不检点。2011 年 1 月，黑曜石金融集团对她提起诽谤诉讼，指控她的攻击性言论与事实不符，要求赔偿 1000 万美元。考克斯承认自己有“内部消息来源”，但是她认为按照俄勒冈州的新闻保护法，她有权拒绝提供消息来源。俄勒冈州联邦地方法院的法官认为，考克斯并没有受任何一家正式新闻媒体的聘用，因而不是新闻记者，不能适用俄勒冈州新闻保护法的规定，被告不能以“拒绝透露消息来源”为由主张减轻或免除责任，最终判决被告考克斯赔偿原告 250 万美元。参见乔新生《美首例博主被判诽谤意义何在》，《法制日报》2011 年 12 月 20 日。

保护。但是，有学者认为，即便是人权，出于公共福祉的需要也可以予以限制，只要作为民法上位法的宪法可以做这样的解释，那么在这种情况下，民事上的侵权责任就不能成立。①

1. **“人肉搜索”与表达自由**

人肉搜索是中国首创的一种网络搜索方式，从“陈自瑶事件”（2001 年）② 中的崭露头角，到经典案例“虐猫事件”（2006 年）；从“死亡博客”（2007 年）到“辽宁女”（2008 年）；从“周久耕事件”（2008 年）到“虐婴女”（2009 年）等，已经走过了十几年风风雨雨，掀起了多场具有重大影响力的网络运动。“人肉搜索”是人工与搜索引擎相结合的一种信息获取和传播手段，作为信息工具，它具有价值中立性，不是法律直接规制的对象，但是作为一个法律事实，它具有合理与违法的两面性，因此是法律规制的对象之一。“人肉搜索”触及很多社会问题，涉及表达自由的维度与界限，被认为是一把“双刃剑”。利用“人肉搜索”这一工具，公民既充分行使了《宪法》赋予的言论和表达自由，也发挥了网络舆论监督的作用，弘扬了主流道德价值观，促进了公共利益和社会正义的实现。通过“人肉搜索”，网络舆论监督发挥了明显的积极功能，最有代表性的案例是所谓的“猥亵门”事件：林嘉祥这位酒后失德、行为不检的官员被视频记录行为、网络搜索出身份后被免职。另有一位南京江宁区房管局局长周久耕，则因为抽着“九五至尊”香烟、戴着天

---

① のぞみ総合法律事務所編「新・名誉毀損——人格権と企業価値を守るために」商事法務、2006 年、16 頁。

② 2001 年，有一男性网民在猫扑网上贴出一张美女照片，并吹嘘该女子是自己的女朋友云云。可是立时就有狼友鉴定出，此女的真实身份是微软第一美女，微软公司的女代言人陈自瑶，并贴出了她的大部分个人资料。微软陈自瑶事件开创了人肉搜索的先例，是第一次真正意义上的人肉搜索事件。从此，一个真正意义上的、被人称为“人肉搜索”的互联网搜索行动诞生了。

价手表的照片被网友搜索，引发贪腐质疑，最后被法院判处有期徒刑 11 年。

但是“人肉搜索”超出了一定的度，就可能转变为“网络暴力”，构成侵权。下面，让我们结合 2008 年发生的“姜岩事件——人肉搜索第一案”来剖析“人肉搜索”存在的法律问题。

姜岩，女，31 岁，北京人，某公司职员，曾在国外工作两年，回国后于2006 年2 月与比自己小3 岁的设计师王菲结婚。然而好景不长，王菲在公司认识了一位23 岁的叫东方的女子，不久后就离家和东方同居。姜岩在自己的博客中称，王菲曾用她的钱带着东方去罗马旅游，而王菲的父母也默许了王菲与东方同居的事实。正是因为无法容忍这种背叛，2007 年 10 月 28 日，姜岩关闭博客，并且从那时起开始计划两个月后的自杀。2007 年 12 月 27 日，姜岩吞下了 300 颗安眠药，但自杀未遂。48 小时后，姜岩纵身从 24 层高的家中跳下，当场死亡。这一天，据说正是她的丈夫王菲 28 岁的生日。

2008 年 1 月 9 日，某网友在浏览到姜岩的博客后，发出了题为《看到一个 MM 自杀前的博客　因为小三　她从 24 楼跳下去了　好惨》的帖子，全文转载了姜岩自杀前的博文，随即引发了网民强烈的讨论。另一个网友随即也发出标题为《哀莫大于心死，从 24 楼跳下自杀 MM 最后的 BLOG 日记，是我朋友的朋友》的帖子，提供了更多的信息，包括男方的职业、第三者身份、男方和第三者的合影、所供职的公司等。姜岩事件遂进入公众视野。此后，王菲和东方被更多“人肉搜索”，姜岩事件也成为 2008 年年初互联网的一大焦点，1 月 13 日“姜岩”成为百度搜索风云榜当日排名第三的热门关键词，并进入了海外华人的视野。同时，王菲与东方的家庭成员信息也被不断挖掘出来，其中东方的母亲是某酒店前台员工，很多网民打电话过去，对其予以谴责。与网民熊熊燃烧的愤怒相对应的还有姜岩无法安然下葬的现实，姜岩去世后，由于王菲一直不签字处理尸体，因此造成无法下葬。

随着媒体的报道和论坛的转载，越来越多的人加入了这一事件的讨论。不屑者有，哀伤者有，更多的人表现出来的是对王菲一家人所作所为的愤怒，以及对姜岩鲜活生命消逝的悲伤。其中不乏一些有特殊身份的人加入，王菲一家四口（父母，王菲，哥哥王蕾）与第三者东方的身份证、照片等也被传到了网上。凤凰卫视《铿锵三人行》节目亦对事件做出了播报，但将重点放到了女主角是因为老公出轨而自杀上。有的网友表示非常失望，认为姜岩的自杀并不是简单的殉情，或者面对背叛的一哭二闹三上吊，而是“一个有着高尚情操，美好心灵的女子，对于现实生活的失望”。短短几天，事件发展到了无法控制的地步，曾让人担忧无比的网络暴力再现端倪。

2008 年 3 月，不堪忍受的王菲将“北飞的候鸟”“大旗网”“天涯社区”三家网站诉至北京市朝阳区人民法院。起诉书称，今年 1 月 10 日开始，“北飞的候鸟”“大旗网”“天涯社区”三家网站纷纷发表和刊载对他及家人进行“侮辱诽谤”的文章，说姜岩是被王菲“逼死”，“抵制所有跟逼死结发妻子的贱男人王菲有关的产品”，“王菲是在父母羽翼下苟且的可怜虫”，“因为王家的态度，你（指姜岩）迟迟不能下葬”等。同时，这些网站还把王菲及家人的姓名、照片、住址等信息公开披露。王菲称，自己的生活受到多方面的恶劣影响。在网上，他不断收到恐吓邮件，甚至部分网友扬言要“通缉和追杀”他。在工作中，很多网友将此事闹到自己的单位，王菲因此遭到辞退，其他单位一接到王菲求职也退避三舍。在生活中，王菲父母的住宅被人多次骚扰，门口被贴满诬陷恐吓的标语，等等。因此，王菲请求法院判令上述三家网站停止侵害自己的名誉权、消除不良影响，公开赔礼道歉，并承担自己的工资损失、精神损失共计 13.5 万元。

2008 年 12 月 18 日，北京市朝阳区人民法院做出一审判决。法院查明，王菲与死者姜岩系夫妻关系，双方于 2006 年 2 月 22 日登记结婚。2007 年 12 月 29 日晚，姜岩从自己居住楼房的 24 层跳楼自杀死亡。姜岩生前在网络上注册了名为“北飞的候鸟”的个人博客，并进行写作。在自杀前 2 个月，姜岩在博客中以日记形式记载了自杀前两个月的心路历程，将王菲与案外女性东某的合影照片贴在博客中，认为二人有不正当两性关系，自己的婚姻很失败。姜岩的日记中显示出了丈夫王菲的姓名、工作单位地址等信息。姜岩在 2007 年 12 月 27 日第一次试图自杀前，将自己博客的密码告诉一名网友，并委托该网友在 12 小时后打开博客。2007 年 12 月 29 日姜岩跳楼自杀死亡后，姜岩的网友将博客密码告诉了姜岩的姐姐姜红，姜红将姜岩的博客打开。张乐奕系姜岩的大学同学。得知姜岩死亡后，张乐奕于 2008 年 1 月 11 日注册了非经营性网站，名称与姜岩博客名称相同，即“北飞的候鸟”（网址：http：//orionchris. cn/）。在该网站首页，张乐奕介绍该网站是“祭奠姜岩和为姜岩讨回公道的地方”。张乐奕、姜岩的亲属及朋友先后在该网站上发表纪念姜岩的文章。张乐奕还将该网站与天涯网、新浪网进行了链接。姜岩的博客日记被一名网民阅读后转发在天涯网的社区论坛中，后又不断被其他网民转发至不同网站上，姜岩的死亡原因、王菲的“婚外情”行为等情节引发众多网民的长时间、持续性关注和评论。许多网民认为王菲的“婚外情”行为是促使姜岩自杀的原因之一；一些网民在参与评论的同时，在天涯社区等网站上发起对王菲的“人肉搜索”，使王菲的姓名、工作单位、家庭住址等详细个人信息逐渐被披露；一些网民在网络上对王菲进行指名道姓地谩骂；更有部分网民到王菲和其父母住处进行骚扰，在王家门口墙壁上刷写、张贴“无良王家”“逼死贤妻”“血债血偿”等标语。直至该案审理期间，许多互联网网站上仍有大量网民的评论文章。法院经审理认为：我国《婚姻法》规定，夫妻应当相互忠实。根据王菲的当庭自认及王菲与姜岩父母的协议内容，可以证实王菲与案外人东某确有不正当男女关系，王菲的行为违背了我国的法律规定。根据姜岩的日记显示，姜岩因此遭受了巨大伤害，承受了巨大精神痛苦。王菲的这一行为不仅违背了法律规定，也背离了社会道德标准，法院予以批评。本案中，张乐奕对王菲的婚姻不忠行为持否定、批判的态度。其在网站上主动披露此事实和王菲的个人信息之前，明知披露对象已超出了相对特定人的范围，而且应当能够预知这种披露行为在网络中可能产生的后果。因此，张乐奕在网络中披露王菲“婚外情”和个人信息的行为，应属预知后果的有意为之。王菲的“婚外情”、姓名、工作单位等信息被披露，成为网民知晓其真实身份的依据之一，引发了众多网民的批评性言论及不满情绪，乃至形成了爆发和蔓延之势。因此，张乐奕在披露王菲婚姻不忠行为的同时，披露了王菲的姓名、工作单位名称、家庭住址等个人信息，亦构成了对王菲隐私权的侵害。张乐奕披露王菲的上述隐私内容后，在造成众多网民在不同网站上持续发布大量批评和谴责性言论的同时，引发众多网民使用“人肉搜索”的网络搜索模式，搜寻与王菲及其家人有关的任何信息，并逐步演变成对王菲进行密集的、长时间的、指名道姓的谩骂，甚至发生了网民到王菲及其父母住所张贴、刷写侮辱性标语等极端行为。张乐奕的披露行为对王菲的影响已经从网络发展到现实生活中，不仅严重干扰了王菲的正常生活，而且使王菲的社会评价明显降低。这种侵害结果的发生与张乐奕的披露行为之间存在直接的因果关系，因此，应当认定张乐奕以披露王菲隐私的方式造成了对王菲名誉权的侵害。关于王菲所称的“北飞的候鸟”网站上刊登的部分文章捏造事实，构成诽谤、侮辱的诉讼主张，法院进行了相关事实的审查。庭审中，就上述问题王菲未提供证据证明真实情况，法院无法认定是否属于捏造事实，即无法认定张乐奕对王菲构成诽谤。另，王菲认为“北飞的候鸟”网站登载的《静静的》一文中的一段文字对其构成了侮辱。法院认为，该文章系姜岩的亲属在姜岩不堪王菲的婚姻不忠行为而自杀后，发表的谴责王菲、宣泄个人感情的文章，该文章的文字并无异常过激之处。张乐奕在“北飞的候鸟”网站上登载该篇文章的行为不构成对王菲的侮辱。最后法院判决：被告张乐奕停止对原告王菲的侵害行为，删除刊登在“北飞的候鸟”网站上的《哀莫大于心死》《静静的》《心上的月光》三篇文章及原告王菲与案外人东某的合影照片；在“北飞的候鸟”网站首页上刊登向原告王菲的道歉函；赔偿原告王菲精神损害抚慰金五千元、公证费用六百八十四元。另判决北京凌云互动信息技术有限公司停止对王菲的侵害行为，删除大旗网《从 24 楼跳下自杀的 MM 最后的 BLOG 日记》专题网页；在大旗网首页对王菲刊登道歉函；赔偿王菲精神抚慰金三千元、公证费用六百八十三元。因海南天涯在线网络科技有限公司在王菲起诉前将天涯虚拟社区上的《大家好，我是姜岩的姐姐》一帖及相应回复删除，已经履行了监管义务。鉴于互联网具有的广泛、迅速、即时、随意、互动等传播特点，天涯公司的这种事后删除行为符合相关规定，不构成侵权。因此王菲主张天涯公司侵犯名誉权、隐私权不能成立，基于侵权提出的赔偿等请求法院不予支持。宣判后，张乐奕的代理人当庭提起上诉。

2009 年 12 月 23 日，北京市第二中级人民法院对本案做出终审判决：维持原判，确认张乐奕侵犯了王菲的名誉权，应删除网络上的侵权文章，对王菲赔礼道歉并赔偿他精神损害抚慰金及公证费共5684元。二审法院认为，王菲在与姜岩婚姻关系存续期间与他人有不正当男女关系，其行为违反了我国法律规定、违背了社会的公序良俗和道德标准，使姜岩遭受巨大的精神痛苦，是造成姜岩自杀这一不幸事件的因素之一，王菲的行为应当受到批评和谴责。但对王菲的批评和谴责应在法律允许的范围内进行，不应披露、宣扬其隐私，否则构成侵权。张乐奕在姜岩自杀后设立"北飞的候鸟"网站，将王菲的私人信息在网站中向社会公众披露，扩大了王菲私人信息向不特定社会公众传播的范围，对相关网民对王菲发起"人肉搜索"、谩骂王菲、骚扰王菲及其父母正常生活的不当行为，有相当的推动和促进作用。张乐奕的行为已构成对王菲的名誉权的侵害，应当承担相应的民事责任。

从上述案例中，我们看到，法院对"人肉搜索"既有肯定、宽容的部分，又有认定侵犯名誉权的部分。法院的判决，实际上对"人肉搜索"的表达自由及其界限做出了个案解释，指出"人肉搜索"造成他人精神损害的构成侵害名誉权等。在本案中，"人肉搜索"被法院认定为超出了合理的限度，从表达自由滑落到了网络暴力的深渊。一审宣判后，朝阳法院举行了新闻通报会，介绍了案件审理情况，回答了记者提问，并就在审理过程中发现的问题，向工业和信息化部发出司法建议，加强对网民言论的适时监管。

其实，对"人肉搜索"的监管和规制是有宪法和法律依据的。我国《宪法》第51条规定："公民在行使自由和权利的时候，不得损害国家的、社会的、集体的利益和其他公民的合法的自由和权利。"这是《宪法》对包括言论自由在内的公民自由权的最低程度的限制。我国《民法通则》第 101 条也明确规定："公民、法人享有名誉权，公民的人格尊严受法律保护，禁止用侮辱、诽谤等方式损害公民、法人的名誉。"《民法通则》第 120 条还规定："公民的姓名权、肖像权、名誉权、荣誉权受到侵害的，有权要求停止侵害，恢复名誉，消除影响，赔礼道歉，并可以要求赔偿损失。"我国的《侵权责任法》第 36 条更是对网络侵权的责任和排除程序做出了规定，即网络用户、网络服务提供者利用网络侵害他人民事权益的，应当承担侵权责任。网络用户利用网络服务实施侵权行为的，被侵权人有权通知网络服务提供者采取删除、屏蔽、断开链接等必要措施。网络服务提供者接到通知后未及时采取必要措施的，对损害的扩大部分与该网络用户承担连带责任。

有学者指出，"人肉搜索第一案"的判决结果提醒广大网民：法律保护个人的私人信息、私人活动和私人空间不受非法侵犯，也同样保护网络上的个人隐私。公民行使自己言论自由的权利必须以不侵害他人合法权利为前提，避免因自己的不当行为造成侵害他人的隐私权、名誉权的不良后果。①

有学者认为，"网上通缉""人肉搜索"泄露公民姓名、家庭住址、个人电话等基本信息，是严重侵犯公民基本权益的行为，其造成的危害甚至比出售公民个人信息更为严重，因此建议将"人肉搜索"行为用《刑法》予以规范。这一观点值得商榷，它的偏颇之处在于抹杀了"人肉搜索"的社会监督功能。现在"人肉搜索"已被严重滥用，更多的时候，它不是在发挥监督和批评作用，而是充斥着恶意的报复、造谣、辱骂和骚扰，严重侵犯了被搜索对象的人格尊严并影响其正常生活。即便是一些出于正义诉求的"通缉"，也常常导致不相干的人被"误杀"，却得

① 张伟：《浅析互联网的隐私权保护问题》，《人权》2012 年第 6 期。

不到任何形式的道歉和补偿。因此，在法律上必须对“人肉搜索”做出必要的规制，但同时也要防止其正向功能被抵消的问题。为此，在司法的解决上可养成如下方法：第一，首先利用民事诉讼追究“人肉搜索”者的侵权责任。第二，对于情节和危害严重的“人肉搜索”应归类于刑法规定的诽谤罪、侮辱罪，按自诉案件处理。第三，无论是在民事诉讼还是刑事诉讼中，法庭均应参照有关案例或指导性案例做出裁量。

**2. “黑公关”与表达自由**

2010年，蒙牛和伊利之间爆发的“诽谤门”事件，引发了人们对网络公关、民意表达问题的关注和争论，其中“黑公关”与民意表达的方法和程度是一个关乎表达自由与侵权犯罪的重要问题。备受关注的伊利“QQ星儿童奶”在网络上遭遇恶意攻击事件，是蒙牛集团市场二部“未来星儿童奶”负责人安勇伙同两家受雇的网络公关公司通过论坛、博客、问答等形式在网络上发布一系列诋毁伊利QQ星奶食品的文章，制造的一起侵犯商业信誉案。另外，在先后发生的三聚氰胺奶粉、金浩茶油致癌、丰田质量门等事件中，也都出现了类似的“黑公关”问题。现如今，一批公关公司号称专业在网上替人消灾，不仅为客户提供品牌炒作、产品营销、口碑维护、危机公关等全方位服务，更能按照客户的指令策划话题诽谤竞争对手，使其无法正常运营。这些公关公司的“黑公关”在一定程度上具备了制造、引导或控制“民意”的能力。那么，我们在现有法律法规和社会条件下，应采取怎样的措施和如何进行改善呢?

虽然在规范网络、民意表达的法律层面，相关的配套法律制度建设尚未健全。从传媒与信息法的角度，我国还没有制定出专门管理网站帖子的法律法规，但是从其他相关部门法和法理的角度看，企业和个人的合法权益保护是有相当的法律依据的。我国《宪法》第35条规定了公民有言论自由。这一原则，在网络时代主要表现为公民有在网络上自由发表言论的自由，即公民可以自由地发表对公共事件和新闻的看法。但是，只要有自由，就有一定的度或限制。信息自由的保护与限制是一对孪生子女，这是许多国家的《信息自由法》或《信息公开法》的现实或必然。①

我国的《民法通则》第4条规定了诚实信用原则，第7条规定了遵守社会公德和不得损害社会公共利益原则，第58条规定了7种无效的民事行为，其中之一就是“恶意串通，损害国家、集体或者第三人利益的”，第101条还专门规定了公民、法人享有名誉权，禁止用侮辱、诽谤等方式损害公民、法人的名誉。我国的《合同法》第52条也规定了无效合同的5种情况，其中之一也是“恶意串通，损害国家、集体或者第三者的合法权益”。据此，企业与公关公司签订的发布恶意攻击其他竞争对手的帖子，打压、删除竞争对手正面报道的帖子的合同，在民法上本身就是一种无效合同。我国的《侵权责任法》第36条则规定，网络用户、网络服务提供者利用网络侵害他人民事权益的，应当承担侵权责任。我国的《反不正当竞争法》第14条规定，经营者不得捏造、散布虚伪事实，损害竞争对手的商业信誉、商品声誉。我国的《互联网信息服务管理办法》第15条规定了互联网信息服务提供者不得制作、复制、发布、传播含有“侮辱或者诽谤他人、侵害他人合法权益的”内容的信息。《刑法》第221条规定了损害商业信誉、商品声誉罪，第246条规定了侮辱罪和诽谤罪。

根据上述法律规定，诸如蒙牛与伊利的“诽谤门”事件应该有一个很好的民事上和刑事上的解决办法。在刑事上，内蒙古自治区呼和浩特市人民检察院以涉嫌“损害商业信誉、商品声誉罪”对安勇等人予以批捕，决定追究犯罪嫌疑人的刑事责任。在民事上，2010年10月22日蒙牛公司在相关媒体发表声明，称“安勇对伊利及消费者造成的不良影响，我们深表歉意”。蒙牛的

① 陈根发：《黑公关与民意表达》，《方圆律政》2010年12月号。

这一声明可以被看作其与伊利之间民事纠纷的协商姿态，而对这一事件中的网络公关公司等诽谤、损害商业信誉、商品声誉的民事责任，也是有明确的法律依据的，但可惜未被提起。

根据中国国际公关协会发布的《2009 中国公共关系行业网络公关业务调研报告》等统计资料，目前国内网络公关整体市场规模已经超过 10 亿元人民币，各种网络公关公司数百万家，多以文化咨询公司、广告公司、网络公司等代理和中介机构面目出现。蒙牛安勇等人的“侵犯商业信誉、商品声誉”案件，整个单子虽然只有 28 万元，但却引起了轩然大波。这说明，有的公关公司只要有钱就什么活都去干，这是很可怕的事情。这里既有个人犯罪动机作怪的原因，也有公司治理中存在的理念缺失、监管不到位的问题。这就要求工商行政管理机关和公关协会等机构必须从企业和行业管理的角度，通过企业和行业的道德规范、交易规范对公关公司实施监管。对于那些打着“公关”旗号，使用“黑公关”手段去从事违规违法经营活动的企业实施严厉的打击，不断的打击。为此，必须明确下列几个问题：

首先，必须明确的是，目前网络公关公司经营的业务并不都是合法的。如发不实的帖子和删除帖子的行为就不属于工商部门批准的合法经营范围，工商部门完全可以按照超范围经营或无照经营予以处罚。至于雇用网络公关公司发帖，危害到整个奶制品甚至食品市场的行为，可以按照非法经营的严重程度，分别予以行政处罚和移交司法机关追究相关刑事责任。工商、司法机关和受害人在追究网络公关公司非法侵权的民事责任时，除了追究委托人的责任外，还可以依据我国的《侵权责任法》第 36 条等规定，追究涉案网站和媒体的责任。

其次，应该认识到“黑公关”的巨大社会危害性。网络作为重要的社会媒体和民意表达渠道，通过金钱交易发表虚假信息和删除投诉的行为，本质上是对言论自由权、公众知情权的一种侵害。“黑公关”实际上是一种利益的媾和、金钱的博弈，是争夺网络信息控制权的结果。如果舆论被金钱埋没了，真话被金钱删除了，那不仅是网络社会公关管理的危机，也是对整个社会公共利益的一种侵害。因此，在传媒与信息立法甚至刑法的修改和司法过程中必须从保护社会公共利益的角度，加大对非法公关、“黑公关”的处罚和打击力度。在上述蒙牛与伊利的“诽谤门”事件发生不久，伊利集团将一份《关于近期部分媒体恶意诋毁伊利有关情况》的文件报告内蒙古自治区、呼和浩特市市委和内蒙古公安厅，获得了各级领导批示。2010 年 9 月 18 日，一篇题为《“网络推手”推波助澜加剧市场恶性竞争》的新华社内参又得到了多位中央领导的批示，公安部随后下发通知要求尽快侦破案件。该案因此被迅速侦破，蒙牛“未来星儿童奶”负责人安勇和北京博思智奇公关公司网络部负责人赵宁、郝历平、马野四人在中秋节前后被拘，10 月中旬被正式批捕。这一典型案例的处理方法值得我们在处理其他类似案件中参考，并在总结经验的基础上提升到立法和司法的层面。

再次，要重视和加强网络公关服务规范的宣传活动。2010 年 3 月，首部《网络公关服务规范》（指导意见）由中国公共关系协会发布实施，该规范第 22 条规定：“网络公关业务应自觉遵循行业自律公约，坚决抵制各种有悖于行业行为准则的各种行为。具体来说：对客户所发布内容合法性进行审核和约定，保证信息内容及其传播手段符合国家法律的有关规定；保证信息内容的完整性、真实性和准确性，不提供任何与客户实际情况或客观事实明显不符的内容信息……要抵制各种欺骗客户和公众的信息传播活动；不提供任何形式的攻击、诽谤竞争对手的信息服务。”中国公共关系协会发布的规范虽然没有法律的强制力，但却具有业内协调功能。《网络公关服务规范》在引导网络公关公司的自律、加强网络公关业务的运营管理和培养网络公关从业人员的职业道德等方面均有明确要求，如果宣传、指导得当，对“黑公关”及其相关犯罪也能起到一定的预防作用。

总之，“黑公关”或“非法网络公关”已经成为网络社会的公害，对其进行整治也须多方努力，多管齐下，更需要全社会的共同参与。① 同时，针对监管法规和机构的缺失，必须尽快建立健全相关的法律、法规，设立专门的公关行业管理机构，依法整治。

**3. “网络公厕”与表达自由**

2010 年，上海笑星周立波在微博上提出了“网络公厕论”，引发网民群起攻之。周立波在其微博上称：“网络是一个泄‘私粪’的地方，当‘私粪’达到一定量的时候，就会变成‘公粪’，那么，网络也就是实际意义上的公共厕所!”他还说：“若将网络民意当真，实是一种‘自宫’行为了。”这条微博被大量转发。有网友“以子之矛，攻子之盾”，责问周立波：“那么您如何看您的微博呢？是否将它看作个人的卫生间?”2010 年 1 月开通个人微博的周立波，拥有超过 200 万的微博“粉丝”。而“网络公厕论”的那篇微博，共有 2400 多条评论和 4600 多条转载。2010 年 11 月 29 日，周立波发布了最后一条微博，并关闭了个人微博的评论功能，称：“曲终人聚，意味深长。感谢所有关注我微博的朋友们！善意的抑或是恶意的。你们是我灵感的源泉！我们舞台见！收官了。”

2010 年 12 月，有一名身在广州的网民朱光兵以实名身份在天涯论坛发帖，称要将周立波告上法庭，要求周立波收回发表在网络上的不文明话语，索赔精神损失费 1 元，并要求其向全国网友道歉。周立波在接受新华社“中国网事”记者采访时说，网络给了大家公平发表个人观点的平台，应当用好它，而不是把它当作发泄的平台。他说，自己依然坚持“该骂的还是要骂”，并指出对“网络公厕论”批评的只是少数别有用心的网民。在这场风

① 光明网评论员：《多管齐下整治非法网络公关行为》，《光明日报》2011 年 4 月 25 日。

波中，“精神病”“屎”“刁民”“变态”以及一些更不堪入目的脏词频出。有网友大声疾呼，网络是公共空间，但要谨防一些人把网络变成“公共厕所”，尤其是一些名人。“80后”青年作家陈铭龙在题为《什么时候停止这场无聊的战争?》的博文中指出，名人网上开骂，“今天甲骂乙，结果一夜成名，明天丙也乐此不疲地效仿，公然去骂起丁来，周而复始，争吵无休无止。美其名曰：寻找真相。总之，炒作的目的达到了，他们名声大震，这就已经足已!”

相信人人都有去过公厕的经历，许多人看到过公厕墙上泄愤和谩骂的不堪入目的涂写。人们之所以敢在厕所里宣泄情绪，是因为公厕是一个难以监管和没有约束的自由空间，没人知道厕所里的言论是谁写的，于是你写我写大家都写，你骂我骂大家都骂。网络的自由空间与公厕有几分相像之处，有些人至今仍然认为“在互联网上，没有人知道你是一条狗”，于是在网上任意宣泄自己的情绪，也是你骂我骂大家都骂。因此，在这些网民的眼中，网络也就越来越像“公共厕所”了。这是一部分网民对网络空间的错误认识，实际上有关网络的法律和道德准则早已形成气候了，只是这些网民没有意识到或拒绝认识罢了。正如有网友指出的那样，网络环境的治理固然需要网民们的自律，但是在一个民主法治社会里，规范人们行为的最重要的力量还是法律。净化网络环境，关键还在于加强网络方面法律的建设。比如目前我国正在探讨尝试的网络有限实名制，即在网络上注册账号时，在前台可以使用虚拟名称，但在后台必须核对身份证件并使用实名。这是一种很好的做法。倘若能将这种做法付诸立法，推而广之，那么“在互联网上，没有人知道你是一条狗”也将会成为历史，网民们的网骂自然就会有所收敛，利用网络犯罪也可能会减少，网络也许能因此真正摆脱“公厕”的比喻了。另一方面，网络实名制也有可能影响到言论和表达自由的运行，多少造成“敢怒不敢言”的网络氛围。因此，笔者认为，在推行“网络实名制”的同时，一定要同时做好公民隐私和个人信息的保护性立法，如制定出切实可行的《信息公开法》和《个人信息保护法》等。

“网络公厕论”确实触及到了言论自由或表达自由的底线，违背了我国宪法规定的社会主义精神文明建设。我国《宪法》第24条规定：“国家通过普及理想教育、道德教育、文化教育、纪律和法制教育，通过在城乡不同范围的群众中制定和执行各种守则、公约，加强社会主义精神文明的建设。”因此，网上名人与普通网民一样，不能把网络当作“公厕”。我们可以把互联网看做一个“公共空间”，网民在某种程度上都扮演了“公民”的角色，因此都需要运用理性来表达自己的观点，接受宪法和法律的约束。对于超出言论自由的范畴，具有侵害他人权益现实危害性的网络言论，在立法还无法做出明确规定之前，应允许公安部门和法院通过事例和判例，找出解决办法，以规范本地区的网络言论。如2011年11月，闫某发微博威胁中国政法大学副教授“吴法天”后被拘留5天一案已成为因微博言论被警方治安拘留的第一案。[①] 总之，网络世界不是法外之地，网上的言行也会有意无意触犯法律。要求人人都用正确的方式说正确的话，是不现实的，但也应有法治意识，对自己的言行负责，这是必须的。因为不管是网上还是网下，这都是构建公序良俗的基础。[②]

① 当事人吴某系中国政法大学副教授，新浪微博名叫“吴法天”，因发博文引发网友抨击。闫某因对“吴法天”发表的言论不满，开始对吴某进行言论攻击，遭到吴某驳斥后，便决定在现实中报复。闫某在网上公开了自己的报复计划，并利用微博“直播”实施过程。后吴某通过在微博上收集相关威胁恐吓证据向警方报案。结果，闫某因涉嫌以其他方式威胁他人人身安全，被警方依据《治安管理处罚法》处以治安拘留5日。参见陈涛《网络世界也有法律边界》，《法制日报》2011年12月1日。

② 莫津津：《网络不是法外之地》，《人民日报》2012年12月18日。

### （五）网络侵权与“避风港原则”

网络侵权形形色色，而且花样还在不断翻新。从已经发生的网络侵权案例看，主要有随意上载、转载和下载作品引起的侵权，系统互联导致的超链接侵权，电子商务和网络出版引起的版权侵权等。① 在网络侵权发生并被诉诸法院后，侵权一方经常会利用“避风港原则”为自己辩护和请求免责。2011 年 3 月 15 日，贾平凹、刘心武、阎连科、慕容雪村等 50 位作家联合署名，发起了《三一五讨百度书》，指责百度文库盗窃作家的作品，对用户免费开放，属于侵权。支持上述作家行动的有关人士更称百度文库做了“人类有史以来最大的盗版行为”，是“盗贼的行径”，国家版权局在调停纠纷中也要求百度进行整改。另有调查表明，百度公司在国际市场上也已声名不佳，2011 年 3 月 5 日美国贸易代表办公室（USTR）将百度公司列为“恶名市场”，日本也有一些出版公司欲起诉百度侵权。② 可是，针对上述 50 位作家的声讨，百度公司却依据互联网法律上的“避风港原则”，没有立即做出回应和删除，引发了社会各界对百度侵权与“避风港原则”的大争论。

所谓的避风港原则，最早出自美国 1998 年制定的《数字千年版权法案》（DMCA 法案）。起初，这一原则主要适用于著作权领域，后来也被应用到搜索引擎、网络存储、在线图书馆等方面。避风港原则包括“通知 + 删除”（notice – take down procedure）两部分内容，其主要目的是对网络中介服务商间接侵权责任的限制。2006 年 7 月 1 日施行的我国《信息网络传播权保护条例》在引入避风港原则的同时，注意到了其中所隐含的法律问

---

① 段维：《网络时代的版权法律保护》，湖北教育出版社 2006 年版，第 78 页。

② 黄秀丽、任玉岭：《百度的避风港原则：恐使出版业陷入绝境》，《南方周末》2011 年 3 月 25 日。

题，采用“红旗原则”对避风港原则进行了有效的修正。[①]《保护条例》第22条第3款在业界被称为“避风港原则”，即网络存储空间提供者如果“不知道也没有合理的理由应当知道服务对象提供的作品、表演、录音录像制品侵权”的，不承担赔偿责任。但《保护条例》第14条同时规定：“对提供信息存储空间或者提供搜索、链接服务的网络服务提供者，权利人认为其服务所涉及的作品、表演、录音录像制品，侵犯自己的信息网络传播权或者被删除、改变了自己的权利管理电子信息的，可以向该网络服务提供者提交书面通知，要求网络服务提供者删除该作品、表演、录音录像制品，或者断开与该作品、表演、录音录像制品的链接。”《保护条例》第23条还规定：“网络服务提供者为服务对象提供搜索或者链接服务，在接到权利人的通知书后，根据本条例规定断开与侵权的作品、表演、录音录像制品的链接的，不承担赔偿责任；但是，明知或者应知所链接的作品、表演、录音录像制品侵权的，应当承担共同侵权责任。”我国2010年7月1日起实施的《侵权责任法》进一步将避风港原则下的责任具体化，在第36条中明确规定：“网络用户利用网络服务实施侵权行为的，被侵权人有权通知网络服务提供者采取删除、屏蔽、断开链接等必要措施。网络服务提供者接到通知后未及时采取必要措施的，对损害的扩大部分与该网络用户承担连带责任。网络服务提供者知道网络用户利用其网络服务侵害他人民事权益，未采取必要措施的，与该网络用户承担连带责任。”从法理上看，上述“红旗原则”应该是避风港原则的基本构成要件，只有在互联网络服务提供者不明知或者不应知自己所传播的信息属于侵权信息或链接的作品、表演、录音录像制品是侵权作品的情况下，才免于承担法律责任。

---

① 乔新生：《百度侵权案，“避风港原则”不是避风港》，《法制日报》2011年4月7日。

根据避风港原则，一个作者发现自己的作品被盗版后，维权的方式为“通知—删除”。而百度的回应显示，百度拥有40人的团队处理投诉，作家只要通过文库投诉中心反馈情况，百度则应在48小时内迅速核实并依法进行相应的处理。然而，能够及时发现盗版，并希望百度删除的作者是非常少的，大量的盗版在作者毫不知情时就已经广泛传播。等到作者提起诉讼，盗版已经泛滥成灾，百度则通过广告获取了大量收入。由于民事诉讼中实行“谁主张谁举证”的规则，一个弱小的作者面对一个资金雄厚的大企业，在主张和举证方面均处于明显的弱势。对于百度这样的大公司来说，要证明自己已经尽到注意义务，不知道盗版是很容易的，而对于作者来说，要证明百度“明知或应知”是盗版还故意放纵的，则是极为困难和繁琐的。另外，一些作者更多的并不是想删除自己的作品，而是想要分享这一作品所带来的收入。但是，要想让百度与作者实现利益分成，依据现行的制度，其正当途径是谈判，谈判不成只能诉讼。

实际上，避风港原则的确立和2006年百度与环球、华纳等7大唱片公司的版权诉讼有很大的关系。在2005年，百度因为在自己的网站直接提供MP3，官司惨败。百度遂改变了运作模式，只提供链接地址。这样百度从网络服务内容直接提供商，变成了第三方搜索引擎、链接和存储空间的提供者。责任由此转移到了单个网民身上，而追究单个网民的责任是非常困难的。2008年，百度对七大唱片公司的官司反败为胜，靠的就是“避风港原则”。法院认定，百度MP3搜索引擎搜索到的内容来源于上载这些MP3的网站，百度无法识别、预见及控制这些MP3的合法性。但问题是，在一个缺乏网络规制和自律的社会，如果听任这一原则的应用，无疑将造成法律难以追究的大量盗版，不利于知识产权的保护。因此，法律和司法机关对于避风港原则的适用应做出一定的限制。从现有法律的角度看，传统的版权保护制度在于控制，发现盗版即通过追缴、销毁、删除的方式，保护权利人以正当的渠道获益。但是，网络传播的迅速和大范围，容易造成控制失效。一旦侵权行为发生，靠删除完全解决不了问题。因此，在传统出版向数字出版转型时期，立法理念也要相应地从控制模式转变为分享模式，甚至可以将利益分享模式在法律规定中明确下来，这就需要对我国《著作权法》等法律法规做重大调整。2011 年的两会期间，全国政协委员、作家张抗抗提出了《关于尽快修订著作权法的提案》，认为现有的网络信息传播保护法律完全落后于时代的发展，建议修改或修订，这是“有的放矢”的一个提案，引起了学界和立法部门的关注。

在作家指责百度侵权的纠纷中，根据我国现有的法律规定和法理，是非曲直很容易判断。在没有得到明确授权的情况下，将作家的作品完整地刊登在互联网信息平台上，是一种典型的侵权行为。互联网络服务提供者应当意识到这种行为所产生的法律后果。且作为网络服务领头羊之一的北京百度网讯科技有限公司也应该知道，国外的同行在处理有关版权纠纷的时候，已经创制了真正的“共享规则”——在未经著作权人授权的情况下，拒绝刊登完整的版权信息，即使将作家作品的目录刊登在互联网站，也应该征得作家的同意并支付报酬。

当然，在强调以“红旗原则”保护知识产权的同时，也不能完全无视避风港原则的功能和精神。这是因为，绝对的“红旗原则”很容易和 19 世纪英国的“红旗法案”① 一样，变成遏制产业和技术发展的桎梏。并且，由于我国没有判例法的传统，无法像美国一样通过诸多的案例将究竟什么是“明知”“应知”等问

① 1865 年，英国议会通过了一个旨在防止机动车危及公共安全的《机动车法案》，规定凡是在公路上行驶的机动车必须配备一名专职的旗手，步行于车辆前方 55 米的地方手持一面红旗以警告行人和马车，史称“红旗法案”。这一法案大大遏制了英国汽车工业的发展，1896 年最终以例外规定的方式被废止。可当时，汽车工业发展的第一个十年已悄然逝去，德、法等国的汽车技术已远远领先于英国。

题澄清和形成判例，不同的法官因为对法律词汇的不同理解，对“红旗原则”的理解和解释也可能出现五花八门的情况。因此，最高人民法院应在指导性案例的基础上，做出相应的司法解释。[①]各级法院的法官在审理此类案件时则应依据有关法律和司法解释，在保护网络服务提供者与权利人双方权益的天平之间寻找一个具有政治和经济意义的平衡点。如果宽泛的“红旗原则”有可能影响到互联网服务业和文化传播的发展，那么我们就必须反思其适用范围，修改有关法律和司法解释，并进一步寻找更好的平衡点。

### （六）网络犯罪的特点与治理

#### 1. 网络犯罪的特点

网络犯罪泛指一切针对网络和利用网络进行的犯罪活动，如非法侵入计算机信息系统、财物诈骗、骗婚、一夜情、黄赌毒、网上乞讨、网上的凶杀暴力等。从全国首个网络病毒集团案等案例看，网络犯罪具有犯罪人员的高智能性、犯罪主体的低龄化、犯罪手段的隐蔽性、犯罪危害的严重性、犯罪行为的虚幻性等特点。

> 2011年年初，公安部接到某网络安全公司提供的案件线索，称国内80%的病毒渠道被“HYC”等十大病毒集团操作，并已形成产业链。对此，公安部高度重视，将“HYC”病毒集团案交给湖北省公安厅网安总队办理。同年4月，湖北省公安厅又将该案指定给荆门市公安局网安支队侦办。经

---

① 最高人民法院知识产权审判庭庭长孔祥俊2011年4月19日在新闻发布会上对百度文库侵犯知识产权事件做出回应，表示对引发争议的“避风港原则”已经形成了初步的调研报告，并启动了有关司法解释的起草。参见王逸吟、任生心《最高法院回应百度侵权事件》，《光明日报》2011年4月20日。

初查，荆门警方发现，为获取高额广告价值，“HYC”病毒集团将一种能篡改用户浏览器主页功能的破坏性软件冒充播放器等软件投放到一些知名的下载站点，诱导用户下载。网友的电脑“中招”后，该破坏性软件会将用户的浏览器主页篡改并锁定，并强制将用户访问页面导向病毒集团所推广的导航网站，产生大量的网站流量，赚取推广费，从而获取非法利益。通过大量细致摸排，荆门警方确定四川南充市26岁的胡某具有重大作案嫌疑，“HYC”正好是胡某姓名的拼音缩写。2011年10月，荆门警方在成都将胡某抓获归案。胡某是成都一家科技有限公司的负责人，2010年年初他因经营游戏代理长期处于亏损且很难脱困，为在短期内获取高额利润，就在网上购买了能够修改用户IE主页的程序，并拉27岁的浙江东阳人金某、27岁的四川成都人易某、21岁的四川营山县人龚某入伙，着手建立导航网站并进行推广。按照分工，龚某负责租网站服务器和域名申请，易某负责联系投放能修改用户IE主页的程序的下载站点，推广能修改用户IE主页的程序，金某负责销售导航网站的广告位。在推广导航网站时，胡某发现，自己之前在网上购买的程序并不能将用户的IE主页长期锁定，推广导航网站的效果并不理想。为此，2010年6月，胡某又拉30岁的四川自贡人彭某入伙，安排彭某编写恶意锁IE主页的程序，感染计算机用户多达1000万余台次。利用受感染的用户，胡某的公司利用导航网站为多家国内大型电子商务网站推广商品和销售导航网站广告位，共非法获利800多万元。根据胡某的交代，2011年11月，警方又在成都将上述4名同案犯罪嫌疑人抓获。其间，该案中知名下载站点提供恶意程序下载的行为，也引起了警方的注意和追踪。2011年12月21日，专案民警在广州将“HYC”集团的一个破坏性程序投放站点站长、30岁的陈某抓获。随着案件办理的进一步深入，其他破坏性程序投放站

> 点的涉案人员也相继投案自首或被抓获。经过一年多的艰苦侦查，荆门市公安局网安支队终于成功侦破此案，共抓获犯罪嫌疑人 10 人，冻结银行资金 560 余万元，追缴违法所得 224 万元。胡某等人将能恶意修改用户 IE 主页的程序伪装后欺骗用户下载，诱使网友“中招”，而且软件运行之后，未经用户许可就更改相关设施的行为，涉嫌构成破坏计算机信息系统罪。①

下面，具体分析和总结网络犯罪的特点。

（1）犯罪人员的高智能性。网络犯罪的显著特点是智能性，即犯罪嫌疑人一般都是高智商甚至高学历的人。现代网络系统都比较注重网络安全问题，都对网络提供了一些安全防范措施，要破解安全系统和侵入计算机系统，行为人必须具有较高的专业水平。因此，网络犯罪者主要是一些掌握了电脑技术，特别是网络技术的专业人士。他们洞悉网络的缺陷和漏洞，运用丰富的电脑及网络技术，借助四通八达的网络对网络系统及各种电子数据资料等信息发动攻击，进行破坏。

（2）犯罪主体的低龄化。近年来，网络犯罪主体的低龄化现象尤为突出，35 岁以下犯罪嫌疑人的比例就占到 70%—80%，甚至 90%，16 岁到 18 岁的孩子甚至能成为黑客高手。② 如有专家对湖北省 2011 年以来近两年侦办的网络犯罪案件的犯罪嫌疑人年龄做了统计分析，发现实施网络犯罪的人员中 30 岁以下的占 90% 以上。③

---

① 胡新桥、刘志月：《全国首个网络病毒集团案详情披露》，《法制日报》2012 年 10 月 24 日。

② 参见 2010 年 9 月 6 日中国网络电视台与王大伟教授的访谈——“建立网络监督机制避免犯罪低龄化”。

③ 胡新桥、刘志月、龚轩：《多种传统犯罪形式渗入网络领域》，《法制日报》2012 年 10 月 24 日。

（3）犯罪手段的隐蔽性。在因特网构成的虚拟空间中，参与者的身份虚拟化，任何人都可以带着假面具将自己推上网。其犯罪的隐蔽性主要表现在：作案范围一般不受时间和地点限制，可以在任何时间、任何地点到某省、某市甚至某国作案；犯罪人对犯罪结果发生的时间可以随心所欲地控制；作案时间短，长则几分钟，短则几秒钟；犯罪不留痕迹，没有特定的表现场所和客观表现形态，不易识别，不易被人发现，不易侦破，犯罪系数高。如近年来被多次揭露的"网络走私"，即是一种典型的利用网络交易的隐蔽性走私文物的犯罪行为。"网络走私"的流程大致可以描述为：在购物网站上注册叫卖文物——交易商品以"工艺品"名义通过邮局向海关申报验关——境外客户通过网上银行转账付款。因此，几乎所有环节都可以逃开文物行政部门的监管。根据国家文物局的统计资料，2010年国内通过网络交易的文物艺术品超过100万件套，交易金额达十多亿元。由于对在线购物、拍卖网站和文物网络的监管缺失，大量被限制交易的文物通过网络流通被走私到境外。①

（4）犯罪危害的严重性。传统的犯罪一般只局限于一时一地，针对的是特定的客体或者一定范围内的不特定多数，网络犯罪则可能造成全世界的网络受到破坏，甚至有可能连行为人自身都无法预计或控制其破坏。网络上任何有意或无意的攻击，都可能造成网络上成千上万台计算机瘫痪。尤其是在网络空间中实施的涉及经济利益的犯罪，其非法获利或在客观上造成的损害通常较大。

（5）犯罪行为的"虚幻"性。网络犯罪不同于传统的犯罪，网络犯罪披上了一层文雅的面纱，使得人们并不将其视为一般

---

① 目前，全国各地海关只有16个省市设有文物进出境审核机构，部分地区快递出境检验并不十分严格，这给不法分子提供了便利。参见黄艳、秦亚洲《文物走私漏"网"之鱼》，《北京晚报》2011年3月10日。

的、真实的犯罪。网络犯罪通常不附加暴力，犯罪者大多文质彬彬，喝着咖啡，坐在计算机前敲打几下键盘就可以实施犯罪。网络犯罪一般不直接针对公众，使得其社会危害性在一定程度上被屏蔽。网络犯罪的这一特征，极易导致人们特别是青少年判断上的偏差，很多青少年对网络犯罪投以崇敬的目光。网络犯罪的温柔面纱朦胧了许多人的眼睛，人们不仅看不清网络犯罪极其严重的危害性，自觉地同网络犯罪作坚决斗争，反而对它报以"崇敬"的心理，甚至崇拜网络犯罪分子。

**2. 网络犯罪的治理**

打击网络犯罪，首先应"以其人之道还治其人之身"，重视网络信息化建设。我国公安部于2010年8月下发了《关于进一步规范和加强公安机关执法信息化建设的指导意见》，截至2011年1月底，公安三级主干网络已经全部完成，基层所队接入网覆盖率达到99%。全国90%以上的民警都通过了计算机操作考核。"上班即开机，工作即上网"已经成为许多民警的工作常态。① 通过推进信息化建设，公安机关的侦查手段和破案方式发生了新变化，打击防控的精确度大大提升。

打击网络犯罪，最终需要"有法可依"和经验指导。我国有关计算机的立法始于1991年的《计算机软件保护条例》，但这只是个保护计算机软件知识产权的法规。1994年国务院颁布的《计算机信息系统安全保护条例》才是对计算机信息系统安全进行保护的法规。1997年《刑法》第285条、第286条和第287条则对某些计算机犯罪做出了规定。第285条规定的是非法侵入计算机信息系统罪，第286条规定的是破坏计算机信息系统罪，第287条规定的则是几种利用计算机信息系统的犯罪，即利用计算机实施金融诈骗、盗窃、贪污、挪用公款、窃取国家秘密等犯罪

① 周斌：《打击犯罪更有力　服务民众更贴心》，《法制日报》2011年1月27日。

行为。前两条规定与美国《计算机滥用修正案》规定的6种犯罪形似，后一条规定则具有一定的创新性。

打击网络犯罪，同时要开展网络伦理道德教育。网上交往的虚拟性，容易淡化人们的道德观念，削弱人们的道德意识，导致人格虚伪。加强网络伦理道德教育，提倡网络文明，培养人们明辨是非的能力，使其形成正确的道德观，是预防网络犯罪的重要措施之一。当前，开展网络行为道德宣传教育活动，就是要把公民道德建设纲要的内容作为网上道德宣传教育的主要内容，利用声、光、电等多种现代化手段，把“爱国守法、明礼诚信、团结友善、勤俭自强、敬业奉献”的基本道德规范灌输给广大网民，提高他们的道德素质，使网民能识别和抵制网上的黑色、黄色和灰色信息，主动选择有积极意义的信息，形成良好的上网习惯，坚决抵制网络色情等不良信息的诱惑，自觉地遵守网络规则，不做违法犯罪的事情。

最后，虽然针对计算机和电子信息网络的犯罪立法比较及时和丰富，但也有一些问题还需要深入探讨。如对于黑客行为的犯罪化问题，有待于深入研究，完善立法。黑客行为犯罪化是计算机技术和电子信息网络技术发展到一定阶段的产物。目前所有将黑客行为犯罪化的立法都是站在维护现存的社会秩序、保护既得者利益的基础上，而比较忽视计算机技术和电子信息网络技术进一步发展的要求。那么，黑客行为是否需要全部犯罪化？黑客行为的犯罪化能在何种程度上起到防控作用呢？这些问题都需要认真调查研究，并可能会有多种不同答案。又如，网络犯罪的构成需不需要考虑主观方面的因素？应不应该有过失犯罪？故意犯罪和过失犯罪在量刑上是否应该有所区别？在司法过程中如何区分和确定过失犯罪与故意犯罪？这些问题也值得深入探讨。

### （七）网络的立法与司法问题

网络行为涉及的社会关系众多。因此，规范网络活动的网络法也将是一个内容广泛的法律领域，其中既有反映网络特点的技术性法律规范，又有以现实中的各个法律部门为依托的、专门解决某些网络社会问题的法律制度。[①] 网络的开发和利用存在层出不穷的社会问题和法律问题，国家必须从立法与司法的角度对之进行可控的规范。在实践中，我国立法部门虽然较早地认识到了网络立法与司法的现实意义，但是由于网络的法律问题经常是日新月异、利害兼容，因此在立法上难以做到全面充分和超前，在司法上多依赖于司法解释和法院的裁决。有学者提出，对于信息时代网络法律体系的整体构建，应当做好顶层设计和立法规划，如制定出一个“网络法律体系整体构建的指导思想与立法规划”之类的指导性文件，缓急有序地解决司法现实对网络法律各个侧面的需求。[②]

从现有的立法情况看，我国尚没有专门的“网络法”或“网络侵权法”。在行政法规的层面制定有《计算机信息系统安全保护条例》（1994 年）、《计算机信息网络国际联网管理暂行规定》（1996 年）、《互联网信息服务管理办法》（2000 年）、《信息网络传播权保护条例》（2006 年）、《政府信息公开条例》（2007 年）等专门性法规。在部门规章的层面也制定了一些相关规定，如公安部 1997 年发布的《计算机信息网络国际联网安全保护管理办法》，国务院新闻办公室、信息产业部 2000 年发布的《互联网站从事登载新闻业务管理暂行规定》，新闻出版署、信息产业部 2002 年发布的《互联网出版管理暂行规定》，文化部 2003 年发布的《互联网文化管理暂行规定》，国家版权局、信息产业部 2005 年发布的《互联网著作权行政保护办法》，国家广播电影电视总局、信息产业部 2007 年发布的《互联网视听节目服务管理

① 张楚主编：《网络法学》，高等教育出版社 2003 年版，第 4 页。

② 于志刚：《建构当代中国互联网法律体系》，《中国社会科学报》2013 年 4 月 3 日。

规定》等。网络犯罪的构成和处罚则规定在《刑法》当中，此外2000年全国人大常委会通过的《关于维护互联网安全的决定》对网络犯罪的构成做出了补充规定。可以说，我国现有的网络立法，主要以行政法规和部门规章为主，整体层次较低，缺少相应的主干法律或核心法律群。

网络立法的两个中心是网络侵权与网络犯罪。在网络侵权的立法实践中，我国的《侵权责任法》第36条对网络用户、网络服务提供者利用网络侵害他人民事权益的，做出了相关规定。但是，这一规定远远不能覆盖所有网络侵权的主体和方式，如互联网媒体编辑人员对于刊登违反法律的读者评论及第三方言论所应承担的法律责任等，[①] 因此有待于进一步增加规定或加以完善，或者对网络侵权进行特别立法。网络立法，确实“不可避免地面临着这样一个主要矛盾：网络的不成熟与法律法规的稳定之间的矛盾”[②]，但是我们不能因噎废食。与国际上网络立法比较发达完善的国家相比，可以说我国的网络立法已经比较落后了，如美国在1986年就相继通过了《计算机诈骗与滥用法》《国家信息基础保护法》，1987年颁布《联邦计算机安全处罚条例》等，欧盟于1998年颁布了《关于信息社会服务的透明机制的指令》，1999年又通过了《关于建立有关电子签名共同法律框架的指令》，2001年欧洲理事会通过了《关于网络犯罪的公约》等。日本则相继制定有《规范互联网服务商责任法》《打击利用交友网站引

---

① 俄罗斯的《大众传媒法》也面临相同的修改，2011年6月俄罗斯总统德米特里·梅德韦杰夫颁布总统令，要求有关部门在2011年8月1日前提交“俄罗斯联邦大众传媒相关法律的修改建议，明确互联网媒体编辑人员对于刊登违反俄罗斯联邦法律，包括有关打击极端主义行为法律的读者评论及第三方言论所应承担的责任范围”。参见毛中秋《俄总统要求整顿网络媒体》，《中国社会科学报》2011年6月14日。

② 王眉：《网络传播中的名誉侵权问题研究》，中国广播电视出版社2008年版，第19页。

诱未成年人法》《青少年安全上网环境整备法》《规范电子邮件法》《禁止不正当接入法》等法律。2011 年 6 月，日本国会还通过了“为应对高度信息化部分修改刑法的草案”，增加了设计散布计算机病毒的罪名，并规定用电子邮件发送淫秽影像的行为适用于“散布淫秽制品罪”。为应对网络犯罪，日本各地警察总部设有网络犯罪对策部门及网络犯罪商谈窗口。为遏制网络上的违法、有害信息，日本还设有名为“互联网热线中心”的举报平台。① 有学者指出，网络立法必须从国外的做法中汲取经验，同时也应该看到我国在互联网发展和管理上也有不少成功经验值得总结。如我国互联网管理部门合理利用世贸规则，大力扶持本土新闻网站和互联网企业，形成了强大的新闻网站方阵。在产业政策的扶持下，我国的腾讯、百度、阿里巴巴、新浪、搜狐、360 等为首的信息服务方阵，频频超越发达国家的对手，而曾经一度被全球视为楷模的竞争对手 MSN、雅虎则面临挑战。加强个人信息立法保护，解决中国的问题，既需要“他山之石”，又需要基于以往的成功经验，树立文化自信，找到解决问题的途径。②

网络立法是立法的一个新领域，应当在一个全新的框架内，对网络信息活动所涉及的各个领域实施立法。有学者提出，对于信息时代网络法律体系的整体构建，应当做好顶层设计和立法规划，如制定出一个“网络法律体系整体构建的指导思想与立法规划”之类的指导性文件，缓急有序地解决司法现实对网络法律各个侧面的需求。

对于网络侵权和网络犯罪，也不能将它们人为地割裂开来，因为网络侵权有时也构成网络犯罪，网络犯罪则往往同时涉及网络侵权。因此，从综合治理的角度出发，我国应制定一部专门的

---

① 张超：《日本：网络监管多管齐下》，《法制日报》2012 年 8 月 14 日。

② 杨谷：《网络立法折射文化自信》，《光明日报》2012 年 12 月 28 日。

《网络法》或《网络行为法》，专门用于规范网络行为，预防和打击网络侵权和网络犯罪。网络司法也是一个需要特别重视的司法新领域，江西省高级人民法院在南昌一些县市法院专门设立了网事审判庭，专司网络侵权案件的审理。[①] 这在互联网高度发达和侮辱诽谤频发的今天，可谓"有的放矢"，值得推广。

① 郭宏鹏：《江西首设网事审判庭惩处网络侵权》，《法制日报》2012 年 4 月 7 日。

## 五　我国广播电影电视法的理论与实践

电影，这门诞生于19世纪末期的艺术形式极大地改变了人类生活和思维的方式。毫无疑问，电影是当代最重要、最有影响力的艺术形式，它对人类历史的影响之大之深，有时甚至是“革命性”的。在《和谐拯救危机》中，有这样的记事：有人问我国台湾的哲学家方东美先生：“如果美国灭亡，第一个因素是什么?”方东美先生答曰：“是电视。”主持人问净空法师：“如果中国灭亡，第一个因素是什么?”净空法师答曰：“是电视。”可以说，“在媒体中新生，还是毁灭”（to be reborn，or to collapse in mass media）正在成为一个对人类来说生死攸关的大问题。其原因也许正在于：“越来越多的小说、电视节目告诉我们，现在我们是怎样生活的。”① 正如有学者指出的那样：世界本身已经变成了一幅图画（a picture），它的根本职能是建立和确认人类的中心位置。在这个作为图画世界的时代，在电影、电视和大众出版市场中增生的法律，改变和扩展了法律生活的范围。同时，动画也提醒着我们注意法律和社会计划的不测事件（the contingencies）。② 自1895年法国的吕美埃兄弟打破以往的“窥视装置”、发明大画像的动画系统以来，电影得到了惊人的发展，人们体会到了许多精彩的情景和壮观的场面。但那些情景和场面并不是我们生活的实际现实本身，而是能与之相并列的“假想现实”。我们只要打开、关闭电影院的大门，就能往来于实际现实与假想现

① “More than Many Novels, TV Tells Us How We Live Now”, See Steve Greenfield, Guy Osborn, Peter Robson, *Film and the Law*, Cavendish Publishing Limited, London, 2001, p. 188.

② Austin Sarat, “On Film and Law: Broadening the Focus”, in Austin Sarat, Lawrence Douglas, Martha Merrill Umphrey eds., *Law on the Screen*, Stanford University Press, Stanford California, 2005, p. 1.

实之间。①

另一个生死攸关的问题恐怕就是广播电影电视的内容审查问题了。近几年来，我国的广播电影电视事业得到了长足的发展，这是一个不争的事实，但同时广播电影电视的内容质量问题也日渐突出，广播电影电视的审查和监督机制也面临着前所未有的挑战。2008年以来，接连发生的电影《苹果》②《色·戒》③的禁播事件和电视剧《蜗居》④的停播事件，引发了社会各界对我国电影电视审查标准和法律依据的议论。另外，近年来贺岁片的“离奇”也引发了一些学者的不满。有学者指出，2008年的贺岁片《投名状》和《集结号》让人们感觉到了银幕的血腥与悲情，2010年的贺岁片《花木兰》《刺陵》《三枪拍案惊奇》等影片则严重脱离了电影艺术。电影并不是仅仅只有依靠“血腥”“俗不

① 野田進、松井茂記編著「シネマで法学」有斐閣ブックス、2004年、2頁。

② 根据2008年1月3日在广电总局网上公布的《广电总局关于处理影片〈苹果〉违规问题的情况通报》，《苹果》因违规制作色情内容的片段，并擅自将未经审查通过的含有色情内容的影片在互联网上传播及制作音像制品等问题，被吊销该片的《电影片公映许可证》，停止该片在影院发行、放映和在网络传播等。

③ 广电总局于2008年3月3日发布了《关于重申电影审查标准的通知》，指出影片中存在夹杂淫秽色情和庸俗低级内容，曲解中国历史，严重违背历史史实等情形的，要删剪和修改。同月，《色·戒》开始被禁播。在美国，《色·戒》被划分为NC—17级，即限制级，禁止17岁和17岁以下人观看的影片。在香港，《色·戒》与《金瓶梅》《黑太阳731》等一起，被划归为只准18岁或18岁以上人士观看的Ⅲ级片。在拍摄《色·戒》时，影片的投资制作人、持有“台湾”护照和美国绿卡的导演李安等人显然是没有很好地研究我国大陆地区的电影审查标准及其与我国香港地区、台湾地区和美国等的电影分级标准的冲突问题。

④ 2009年11月22日，在北京台青少年频道等播放的《蜗居》被停播，其原因被认为是台词敏感、含成人暗示等，因此被广电总局召回重审。

可耐”或“低级趣味”才能得到观众和票房，用打扮成“芙蓉姐姐”的方式去娱乐绝非电影正途。真正的娱乐应该都包含着植根于当代人的焦虑和梦想的严肃和关怀。① 2009 年以来，“山寨”式影片流行，“无厘头”恶搞喜剧渐成气候，形成了一种不可忽视的负面文化现象。与此相应的是，以现当代生活为题材的影片则严重缺位，银幕上的现实品格遭到无声解构而黯然退场。② 其中，最突出的痼疾是生态失衡，无论是制作还是市场往往急功近利、抓大放小，而电影内涵则缺少灵魂、缺少精神，一句话，缺少尊严感。③ 本部分的目的是想对那些从来没有或不屑于认真考虑研究广播电视电影功能和方向的专家学者或某些道貌岸然的人士提出问题，并认真研究和探讨如何更好地规范和发展我国的广播电影电视事业，更加科学地保护未成年人和成年人的享受广播电视电影权。借用德雷塞尔大学罗伯特·艾伯教授的话来说，那就是：“社会科学工作者、记者、摄影师、电影制作人及其他研究和报道人类行为（human behavior）的专家经常面临许多道德问题。不过，在社会科学团体以外，很少有人花时间去认真研究摆在他们面前的对道德责任具有正式或非正式压力的伦理困境（the ethical dilemmas）。”④

另外，在此之所以把广播、电影和电视法的理论和实践问题放在一起探讨，是因为正如我国的广播电影电视总局无法将其中

---

① 尹鸿：《“贺岁”娱乐应有品位》，《人民日报》2009 年 12 月 31 日。

② 黄式宪：《电影人要用心灵接触时代》，《中国社会科学报》2010 年 5 月 25 日。

③ 赵葆华：《追求中国电影的文化尊严》，《光明日报》2011 年 6 月 24 日。

④ Robert Aibel, “Ethics and Professionalism in Documentary Film-making”, in Larry Gross, John Stuart Katz and Jay Ruby eds., *Image Ethics: The Moral Rights of Subjects in Photographs, Film and Television*, Oxford University Press, New York, 1988, p. 108.

某一部分分开而把它们放在一起管理指导的那样，广播、电影和电视法的许多理论和实践问题具有高度的共性和一致性。

### （一）广播电影电视法的渊源和体系

我国现有的广播电影电视法主要是指宪法法律中涉及广播电影电视的规定、国务院制定的数个有关广播电影电视管理的行政法规和广播电影电视总局等部委制定的数十个部门规章，尚没有全国人大或全国人大常委会制定通过的专门性“法律”。因此，我国的广播电影电视法主要是指由宪法和法律的有关规定、行政法规、部门规章和其他规范性文件构成的有关广播电影电视的规范体系。

《宪法》中有关广播电影电视的规定主要包括但不限于：第22条中规定的“国家发展为人民服务、为社会主义服务的文学艺术事业、新闻广播电视事业”。第35条规定的“公民有言论、出版、集会、结社、游行、示威的自由”。第38条中规定的“公民的人格尊严不受侵犯。禁止用任何方法对公民进行侮辱、诽谤和诬告陷害”。第47条中规定的“公民有进行科学研究、文学艺术创作和其他文化活动的自由。国家对于从事教育、科学、技术、文学、艺术和其他文化事业的公民的有益于人民的创造性工作，给予鼓励和帮助”。第51条中规定的“公民在行使自由和权利的时候，不得损害国家的、社会的、集体的利益和其他公民的合法的自由和权利”。第54条中规定的“公民有维护祖国的安全、荣誉和利益的义务，不得有危害祖国的安全、荣誉和利益的行为”。

《民法通则》中涉及广播电影电视的规定主要包括但不限于：第11条规定的“18周岁以上的公民是成年人，具有完全民事行为能力”。第12条规定的“10周岁以上的未成年人是限制民事行为能力人”，“不满十周岁的未成年人是无民事行为能力人”。第16条规定的“未成年人的父母是未成年人的监护人”。第94

条规定的“公民、法人享有著作权（版权），依法有署名、发表、出版、获得报酬等权利”。第100条规定的“公民享有肖像权，未经本人同意，不得以营利为目的使用公民的肖像”。第101条规定的“公民、法人享有名誉权，公民的人格尊严受法律保护，禁止用侮辱、诽谤等方式损害公民、法人的名誉”。

《未成年人保护法》中涉及广播电影电视的规定主要包括但不限于：第2条规定的“未成年人是指未满十八周岁的公民”。第32条中规定的“国家鼓励新闻、出版、信息产业、广播、电影、电视、文艺等单位和作家、艺术家、科学家以及其他公民，创作或者提供有利于未成年人健康成长的作品”。第34条中规定的“禁止任何组织、个人制作或者向未成年人出售、出租或者以其他方式传播淫秽、暴力、凶杀、恐怖、赌博等毒害未成年人的图书、报刊、音像制品、电子出版物以及网络信息等”。第64条规定的“制作或者向未成年人出售、出租或者以其他方式传播淫秽、暴力、凶杀、恐怖、赌博等图书、报刊、音像制品、电子出版物以及网络信息等的，由主管部门责令改正，依法给予行政处罚”。

《预防未成年人犯罪法》中涉及广播电影电视的规定主要包括但不限于：第4条中规定的“各级人民政府在预防未成年人犯罪方面的职责”包括“组织、协调公安、教育、文化、新闻出版、广播电影电视、工商、民政、司法行政等政府有关部门和其他社会组织进行预防未成年人犯罪工作”。第14条中规定的“未成年人的父母或者其他监护人和学校应当教育未成年人不得有……观看、收听色情、淫秽的音像制品、读物等”不良行为。第31条规定的“任何单位和个人不得向未成年人出售、出租含有诱发未成年人违法犯罪以及渲染暴力、色情、赌博、恐怖活动等危害未成年人身心健康内容的读物、音像制品或者电子出版物”。第32条中规定的“广播、电影、电视、戏剧节目，不得有渲染暴力、色情、赌博、恐怖活动等危害未成年人身心健康的内容。广播电影电视行政部门、文化行政部门必须加强对广播、电影、电视、戏剧节目以及各类演播场所的管理”。

广播电影电视法中的行政法规主要有：1997 年 8 月 1 日通过，自 1997 年 9 月 1 日起施行的《广播电视管理条例》。2000 年 11 月 5 日公布的《广播电视设施保护条例》。2001 年 12 月 12 日通过，自 2002 年 2 月 1 日起施行的新《电影管理条例》①。2001 年 12 月国务院发布的《音像制品管理条例》。

广播电影电视法中的部门规章主要有：广播电影电视部于 1988 年 4 月 12 日发布的《广播电视无线电管理办法》。广播电影电视部和文化部于 1996 年联合发布的《关于音像制品内容审查办法》。广播电影电视总局于 2001 年 5 月 9 日发布的《广播电影电视行政复议办法》，于 2003 年 9 月 28 日通过的《中外合作摄制电影片管理规定》（自 2003 年 12 月 1 日起施行），于 2003 年发布的《关于调整重大革命和历史题材电影、电视剧立项及完成片审查办法的通知》，于 2004 年 6 月 15 日通过的《广播电视视频点播业务管理办法》（自 2004 年 8 月 10 日起施行），于 2004 年 6 月 18 日发布的《境外机构设立驻华广播电视办事机构管理规定》（自 2004 年 8 月 1 日起施行），于 2004 年 6 月 18 日发布的《境外卫星电视频道落地管理办法》（自 2004 年 8 月 1 日起施行），于 2004 年 7 月 6 日发布的《广播电视站审批管理暂行规定》（自 2004 年 8 月 10 日起施行），于 2004 年 7 月 6 日发布的《广播电视节目传送业务管理办法》（自 2004 年 8 月 10 日起施行），于 2004 年 7 月 19 日发布的《广播电视节目制作经营管理规定》（自 2004 年 8 月 20 日起施行），于 2004 年 8 月 18 日发布的《广播电台电视台审批管理办法》（自 2004 年 9 月 20 日起施行），于 2009 年 8 月 27 日通过的《广播电视广告播出管理办法》

---

① 国务院曾于 1996 年 5 月 29 日通过了一个《电影管理条例》，自 1996 年 7 月 1 日起施行。新《电影管理条例》施行后，根据新条例第 68 条规定，旧条例“同时废止”。

(自2010年1月1日起施行),于2009年12月4日通过的《广播电视安全播出管理规定》(自2010年2月6日起施行),于2011年10月发布的《关于进一步加强广播电视广告播出管理的通知》,于2011年11月发布的《〈广播电视广告播出管理办法〉的补充规定》,等等。

### (二)广播电影电视的经营和制作许可

#### 1. 行政法规与部门规章中的广播电影电视许可条款

我国的广播电影电视的经营和制作与一般性公司的经营和生产不同,实行严格的行政许可制度。

一般性公司的经营和生产适用《公司法》中的注册登记制,即某一公司只要在工商行政管理部门注册登记,该公司就取得了营业范围内的项目和产品的经营、生产或销售权。有的如上市公司、外商投资公司等虽然也需要履行审批手续,但基本上也是实行登记制为主、审批制为辅的原则。《公司法》第6条规定:"设立公司,应当依法向公司登记机关申请设立登记。符合本法规定的设立条件的,由公司登记机关分别登记为有限责任公司或者股份有限公司;不符合本法规定的设立条件的,不得登记为有限责任公司或者股份有限公司。法律、行政法规规定设立公司必须报经批准的,应当在公司登记前依法办理批准手续。"《公司法》第7条中还规定:"公司营业执照应当载明公司的名称、住所、注册资本、实收资本、经营范围、法定代表人姓名等事项。"

但是,广播电影电视业则不然,在我国,对于广播电影电视的经营与制作,一直实行着严格的行政审批制度或许可制度。我国的《电影管理条例》第5条规定:"国家对电影摄制、进口、出口、发行、放映和电影片公映实行许可制度。未经许可,任何单位和个人不得从事电影片的摄制、进口、发行、放映活动,不得进口、出口、发行、放映未取得许可证的电影片。依照本条例发放的许可证和批准文件,不得出租、出借、出售或者以其他任何形式转让。”我国的《广播电视条例》第35条规定：“设立电视剧制作单位，应当经国务院广播电视行政部门批准，取得电视剧制作许可证后，方可制作电视剧。”同条例第31条还规定：“广播电视节目由广播电台、电视台和省级以上人民政府广播电视行政部门批准设立的广播电视节目制作经营单位制作。广播电台、电视台不得播放未取得广播电视节目制作经营许可的单位制作的广播电视节目。”《电影管理条例》和《电视管理条例》的“许可”和“批准”条款被认为是“我国影视行业实行行政许可制度的主要法律依据”。①

另外，广电总局2003年发布的《中外合作摄制电影片管理规定》更是进一步明确了我国影视行业的许可制度，该《规定》第7条规定：国家对中外合作摄制电影片实行许可制度。境内任何单位或个人未取得《中外合作摄制电影片许可证》或批准文件，不得与境外单位或个人合作摄制电影片。未经批准，境外单位或个人不得在中国境内独立摄制电影片。广电总局2004年发布的《广播电视节目制作经营管理规定》也进一步细化了广播电视节目制作经营的许可制度，该《规定》第4条规定：“国家对设立广播电视节目制作经营机构或从事广播电视节目制作经营活动实行许可制度。设立广播电视节目制作经营机构或从事广播电视节目制作经营活动应当取得《广播电视节目制作经营许可证》。”

在改革开放之前，广播电影电视节目的制作和传播机构都是根据国家的行政命令设立，社会组织、个人和外商的投资参与申请是完全得不到受理和许可的。随着改革开放的深入，市场经济潮流的渗透，广播电影电视领域的国家垄断也出现了松动，社会组织、个人甚至外商也开始以各种不同的参与和投资方式进入业内，出现了《行政许可法》意义上的广播电影电视行政许可制

① 魏永征、李丹林主编：《影视法导论——电影电视节目制作人须知》，复旦大学出版社2005年版，第37页。

度。另一方面，在重读马克思新闻传媒经典论述的过程中，新闻传媒的“人民性”越来越得到党和媒体的重视，出现了解放思想和建设中国特色社会主义文化传媒的思潮。其实，在马克思、恩格斯的新闻传媒理论中，更多的是将报纸传媒看成是“人民用来观察自己的一面精神上的镜子”和“运动的喉舌”。马克思在1842年发表的《第六届莱茵省议会的辩论》中指出：“自由报刊是人民精神的洞察一切的慧眼，是人民自我信任的体现，是把个人同国家和世界联结起来的有声的纽带……自由报刊是人民用来观察自己的一面精神上的镜子，而自我审视是智慧的首要条件。”① 在结论中，马克思明确指出：“没有新闻出版自由，其他一切自由都会成为泡影。自由的每一种形式都制约着另一种形式，正像身体的这一部分制约着另一部分一样。只要某一种自由成了问题，那么，整个自由都成问题。”② 可以预测，随着马克思主义文化传媒法理论建设和实践的深入，我国广播电影电视业的行政许可制度也必将得到进一步科学改革和创新。

**2. 我国广播电影电视行政许可的特点**

许可制度是各国广播电影电视法都规定的行业准入制度，是广播电影电视监管制度的重要部分。尽管许多国家的宪法都规定了新闻自由、广播自由、言论自由，但是世界上并没有一个国家保证人人都能开办广播电影电视。因此，许可制度是各国广播电影电视经营制作中的普适性原则，但是由于各国的经济、政治、法律和文化上的差异，因此各国的广播电影电视许可制度又存在较大的差异。如有些发展中国家的广播电影电视经营制作权多由国家垄断，发达国家和有些发展中国家则允许公民、法人和其他组织经营制作广播电影电视，并且各国都制定有相关的法律和政

---

① 《马克思恩格斯全集》第1卷，人民出版社1995年版，第179页。

② 同上书，第201页。

策，设置有专门的监管部门。[①] 我国广播电影电视行政许可制度的主要法律依据是《广播电视管理条例》《电影管理条例》等行政法规。另外，根据《行政许可法》第16条的规定，“规章可以在上位法设定的行政许可事项范围内，对实施该行政许可作出具体规定”，但是“法规、规章对实施上位法设定的行政许可作出的具体规定，不得增设行政许可；对行政许可条件作出的具体规定，不得增设违反上位法的其他条件”。因此诸如《中外合作摄制电影片管理规定》和《广播电视节目制作经营管理规定》等对实施相关许可事项做出进一步具体规定的部门规章，也属于广播电影电视行政许可的法律依据。

在《行政许可法》于2003年8月27日公布至2004年7月1日起施行的近一年时间里，广电总局对广播电影电视的行政许可项目做了全面的清理。凡是有法律、行政法规依据的行政许可，都予以了保留；对于没有上位法依据而以部门规章为依据的行政许可，一一提出了保留的理由；对于不属于行政许可范围又确需保留的审批项目，也提出了保留的理由。其结果是，国务院同意保留的有43项，撤销两项。在保留的许可项目中，有31项属于行政许可，其中19项有上位法依据，12项以国务院决定方式公布保留。另外，被确定非行政许可的审批项目有13项。[②]

上述被国务院撤销的两项行政许可是指2004年5月由国务院发布决定撤销的“电视剧制片人资格许可”“举办全国性广播电视节目交流、交易活动许可”。此后，国务院于2004年6月底发布了《国务院对确需保留的行政审批项目设定行政许可的决定》，确定了没有法律、行政法规依据但确需行政许可的保留项目共500项。其中属于广播影视业的有12项，如网上传播视听节目许

① 涂昌波：《广播电视法律制度概论》，中国传媒大学出版社2007年版，第105页。

② 赵实：《在全国广播影视局长座谈会上的情况通报》，广电总局编《广播电影电视依法行政读本》，红旗出版社2004年版，第4页。

可证核发、影视节目制作机构与外方合作制作电视剧审查、国产电视剧题材规划立项和电视剧片审查等。

广电总局于2004年6月15日通过了《国家广播电影电视总局行政许可实施检查监督暂行办法》，自2004年8月1日起施行。其中第2条规定：“总局各司局实施行政许可，应当严格遵循行政许可法和其他法律、法规、规章规定。法律、法规、规章没有具体规定的，适用本办法。本办法适用于由总局实施的行政许可事项及由法律、法规、国务院决定设立或保留的由总局实施的行政许可事项。”第3条规定：“除法律、法规另有规定的以外，不得授权其他机关、组织实施行政许可。除法律、法规、规章规定可以委托其他行政机关实施行政许可的情形外，总局各司局不得将总局的行政许可事项擅自委托其他行政机关实施。不得委托除行政机关之外的任何组织、企业和个人实施行政许可。”

根据行政法规、规章等规定，我国的广播电影电视行政许可的特点主要表现在下列几个方面：

（1）电影制片、发行、放映单位的设立和经营许可。

《电影管理条例》第8条规定，设立电影制片单位，应当具备如下条件：第一，有电影制片单位的名称、章程；第二，有符合国务院广播电影电视行政部门认定的主办单位及其主管机关；第三，有确定的业务范围；第四，有适应业务范围需要的组织机构和专业人员；第五，有适应业务范围需要的资金、场所和设备；第六，法律、行政法规规定的其他条件。另外，还应当符合国务院广播电影电视行政部门制定的电影制片单位总量、布局和结构的规划。同条例第9条还规定：“申请设立电影制片单位，由所在地省、自治区、直辖市人民政府电影行政部门审核同意后，报国务院广播电影电视行政部门审批。”得到批准的，由国务院广播电影电视行政部门发给《摄制电影许可证》，申请人可持《摄制电影许可证》到国务院工商行政管理部门办理登记手续，依法领取营业执照。这一许可制度极其严格，即审批和登记电影制片单位的权限都在国务院的有关主管部门，地方无权审批和办理登记手续。

我国成立最早的电影制片单位均为国有电影制片厂，主要有长春电影制片厂、北京电影制片厂、上海电影制片厂、珠江电影制片厂、峨眉电影制片厂、西安电影制片厂、潇湘电影制片厂、内蒙古电影制片厂等。为了适应电影业发展的趋势，从20世纪90年代开始，国家又组建了几个电影集团公司，主要有：中国电影集团公司、上海电影集团公司、长春电影集团公司、西安电影集团公司等。中国电影集团公司（简称中影）成立于1999年2月，主要由原中国电影公司、北京电影制片厂、中国儿童电影制片厂、中国电影合拍公司、中国电影器材公司、电影频道节目制作中心、北京电影洗印录像技术厂、华韵影视光盘有限责任公司等单位组成。近年来，中影公司每年生产故事片30多部、电视剧400多集、电视电影100多部、发行和进口影片70多部，是我国最大的电影生产单位，也是政府制定的国内唯一拥有影片进口权的公司。

进入21世纪，特别是2002年2月施行《电影管理条例》以来，我国电影制片领域国有公司一统天下的局面有了改观。根据《电影管理条例》第16条规定，“电影制片单位以外的单位”经国务院广播电影电视行政部门批准，领取《摄制电影片许可证（单片）》后，也可以独立从事电影摄制业务。2002年3月，由电影演员徐静蕾女士担任制片人、编剧、导演和主演的《我和爸爸》成为了首部由电影局批准立项，由溢念文化发展公司独立出品的国产电影。此后，广电总局于2003年12月发布了《电影制片、发行、放映经营资格准入暂行规定》，第3条明确规定：“鼓励境内国有、非国有单位（不含外资）与现有国有电影制片单位合资、合作成立电影制片公司或单独成立制片公司；允许外资参股与境内现有国有电影制片单位合资、合作成立电影制片公司。”2004年10月，广电总局又同商务部联合发布了《电影企业经营资格准入暂行规定》，以取代上一年发布的《电影制片、发行、放映经营资格准入暂行规定》。该《暂行规定》第5条明确规定："国家允许境内公司、企业和其他经济组织（不包括外商投资企业）设立电影制片公司。申请设立电影制片公司，由境内公司、企业和其他经济组织向广电总局提出申请。"对各类电影企业准入资格做出了规定。并在第6条中规定："允许境内公司、企业和其他经济组织（以下简称中方）与境外公司、企业和其他经济组织（以下简称外方）合资、合作设立电影制片公司（以下简称合营公司）。申请设立合营公司，由中方向广电总局提出申请。"

可以说，现行的行政法规和规章对于参与电影制作已经不存在所有制、行业的区别和限制，境内任何公司、企业和其他经济组织，只要具备一定的资金条件（注册资本不少于100万元人民币、中外合营公司不少于500万元人民币），都可以进入电影制作行业。在进入程序上，根据《电影企业经营资格准入暂行规定》，首先要成立一个影视文化公司，申请《摄制电影片许可证（单片）》，进行一次性的电影拍摄，在拍摄并公映两部以上的影片后，就可以申请设立电影制片公司。

电影发行单位的设立同样采取行政许可制。《电影管理条例》第36条规定："设立电影发行单位，应当向所在地省、自治区、直辖市人民政府电影行政部门提出申请；设立跨省、自治区、直辖市的电影发行单位，应当向国务院广播电影电视行政部门提出申请……批准的，发给《电影发行经营许可证》，申请人应当持《电影发行经营许可证》到工商行政管理部门登记，依法领取营业执照；不批准的，应当说明理由。"需要指出的是，我国的电影发行体制也已经并进一步处于改革当中。过去的电影发行体制是国内生产的电影统一由中国电影发行公司发行，然后再向省级电影发行公司发行的影片区域发行。国产影片发行曾经是中国电影发行的一个"老大难"问题，由于发行渠道不畅通，往往生产出了好电影，也很难与观众见面。2001年12月，广电总局和文化部发布了《关于改革电影发行放映机制的实施细则（试行）》，提出了“实行以院线为主的发行放映机制，减少发行层次，改变按行政区域计划供片模式，变单一的多层次发行为以院线为主的一级发行，发行公司和制片单位直接向院线公司供片”的方针。2002 年 6 月，电影发行机制改革全面实施。改革的办法是将传统的影片区域发行模式，改为院线发行。电影院线（Theater Chain）制是国际通行的影片发行放映机制，它是以若干家影院为依托，以资本和供片为纽带，由一个电影发行主体和若干电影院组合形成的发行放映机制。经营者为发展和保护其经营利益，在某些城市或地区，掌握相当数量的电影院，建立放映网络，有效地规范电影发行市场，解决放映走私影片、瞒报票房、盗版光碟泛滥等现象。它类似于快餐的连锁加盟，一家影院好比一家快餐店，一条院线好比一个品牌，便于节省拷贝，提高运营效率。我国引进院线制的目的是要让国产影片著作权拥有者同时拥有发行经营权，直接和院线交易，以减少发行层次，省去中间环节。院线制带来的市场运作之变，促进了电影流通渠道的多样性发展。原有的中央、省、市、县一条线垄断经营的格局被彻底打破。不同规模的民营公司可以直接从事电影的制作与发行，直接与全国各院线公司进行影片的交易与票房分成，搞活了生产与市场。2002 年以来，全国已经出现了 30 多条院线，开启了中国电影发行市场运行机制的新模式。院线制改革以来，无论是票房收入，还是影片的年产量，以及加入院线的银幕数量，都几乎比始建时翻了一番甚至几番。据相关部门公布的数据显示，全国可统计票房收入连续多年以 25%—30% 的均速递增，电影票房增长幅度已连续 6 年位居世界第一。从 2002 年起至今，院线从大城市向二、三级城市和农村市场全面推进。今天，所有进过影院的观众都会在不知不觉中感受到观看电影的乐趣：干净的地毯，清香的空气，整洁无异味的卫生间，高清晰度的画面，宛如置身现场的音响效果。这些主要是院线制带来的变化。

电影放映单位的设立也采取行政许可制。《电影管理条例》第38条规定："设立电影放映单位，应当向所在地县或者设区的市人民政府电影行政部门提出申请……批准的，发给《电影放映经营许可证》，申请人持《电影放映经营许可证》到所在地工商行政管理部门登记，依法领取营业执照；不批准的，应当说明理由。"我国过去的电影放映单位主要是按照行政区划设置的电影院，一律由国家出资，由各级政府的文化部门管理。电影发行公司负责向电影院送片，电影的发行与放映完全是两个不同的环节。建立电影院线制后，情况有了很大改观。2003年11月21日，广电总局电影局向各省、自治区、直辖市广电局、文化厅，各电影集团、电影制片厂（公司）、电影院线公司、电影发行公司发出了《关于印发〈关于进一步推进电影院线公司机制改革的意见〉的通知》。《通知》指出："按照党的十六大提出的文化建设和文化产业发展要适应社会主义市场经济发展的要求，进一步建立健全电影市场体系，完善电影市场管理机制，深化电影院线改革，调整机构，扩大规模，为电影产业创造良好的市场环境，在征求全国部分电影院线公司、影院经理意见的基础上，制定了《关于进一步推进电影院线公司机制改革的意见》。"《意见》说明：根据2001年发布的《关于改革电影发行放映机制的实施细则（试行）的通知》和2002年发布的《关于成立电影院线报批程序的通知》，全国已经组建了35条电影院线公司（其中15条为跨省电影院线公司）。院线的建立，对打破地域垄断、减少发行层次、促进影片流通、形成竞争开放的市场格局起到了积极作用。但由于组建电影院线公司尚在起步阶段，还缺少运行管理经验，还存在着数量多规模小，跨省延伸不长，实力不强，省内单条院线仍有地域垄断的状况；电影院线公司之间还缺乏公平有序的竞争，融资、重组、整合、并购等资本运营手段尚待启动，电影产业化经营意识还有待提高，与广大群众对电影的需求还有差距。因此，需要进一步推进电影院线公司的机制改革。改革的任务主要有四项：①扩大规模，加强电影院线公司整合。②拓宽融资渠道，扩大电影院线公司投入。③加快影院改造，改善观影设施。④规范影院经营管理，努力提高服务水平。

（2）广播电视节目制作经营单位的设立和经营许可。《广播电视管理条例》第31条规定："广播电视节目由广播电台、电视台和省级以上人民政府广播电视行政部门批准设立的广播电视节目制作经营单位制作。广播电台、电视台不得播放未取得广播电视节目制作经营许可的单位制作的广播电视节目。"这个规定被认为是一个宽容的许可条款，因为它把审批权限下放到了"省级以上人民政府广播电视行政部门"，也没有规定设立广播电视节目制作经营机构的所有制条件，因而为民营资本和外资的进入预留了空间。

事实上，从2002年开始，国家广电总局也确实放宽了设立电视剧、广播电视节目等影视制作机构的市场准入条件，允许民营资本作为经营主体进入除新闻宣传外的广播电视节目制作，同时也允许外资同境内国有电视节目制作单位合资组建由中方控股的节目制作公司。从2002年5月起，广电总局不再发行以往的《影视制作经营许可证》，改发《广播电视节目制作经营许可证》。2004年8月，广电总局发布施行《广播电视节目制作经营管理规定》，原《影视制作经营机构管理暂行规定》同时废止。新《规定》第4条规定，对设立广播电视节目制作经营机构或从事广播电视节目制作经营活动实行许可制度，并应取得《广播电视节目制作经营许可证》。这一许可制度实施以来，运行良好，全国已有一千多家民营和中外合资公司取得了《广播电视节目制作经营许可证》。

近年来，内地各类电视节目制作机构增长迅速。除电视台直接或间接组建的制作机构外，到2009年年末具有民营性质的专业广播电视节目制作公司至少有一千余家，所制作的节目在全国范围发行的也有几百家。特别是在北京、浙江、上海、广东等地，不断有人进入“最后一个暴利行业”淘金，尤其在北京集中了约70%左右的影视机构，电视节目制作几乎成为一种浪潮。从公司性质上看，民营公司在广播电视制作行业中所占的比例越来越大，从2005年的一千余家增加到2009年的两千余家，增幅达到50%以上，在影视行业中的比例也从2005年的百分之六十几增长到2009年的百分之七十几。

其实，在2003年之前，“民营电视”就已经是一个热门的话题了，但是在总体上还是一个边缘者或隐身人的角色。然而，进入2004年以后，这一状况有了很大改观。这一年，中国民营电视企业迅速地从“非法”生存转向合法经营，从业务后台转移到了前台，从节目经营转向频道经营，从市场的边缘挺进到核心，充分显示了民营电视企业的活力和张力。其中，在这场近乎“革命”的运动中，最值得注目的有：2004年1月，上海开麦拉传媒集团以每年6000万元的价格（前8年每年递增15%）正式获得内蒙古卫视频道15年的经营权。北京金天地影视文化公司等与贵阳电视台合作，全面经营贵阳电视台除新闻以外的所有节目内容（包括广告）。唐龙国际传媒集团联手上海东方电影频道获得和中央电视台电影频道分享奥斯卡颁奖晚会国内转播的权利。2004年2月，北京派格太合环球文化传媒投资有限公司和中国教育电视台（CETV）签署了CETV-1“整频道广告经营合作协议”，有效期3年，总金额约2亿元，涉及CETV-1节目制作、频道整体包装和广告运营等各个环节，CETV负责节目终审播出。2004年5月，北京国际电视周在中华世纪坛举行，“演员”多为民营电视企业的保利华亿、光线、欢乐传媒等选送。2004年6月，国家广播电影电视总局继2003年8月向8家民营影视机构颁发电视剧制作许可证（甲种）以后，又向世纪英雄电影投资有限公司、深圳市万科影视有限公司、横店集团影视娱乐有限公司和西安长安影视制作有限责任公司等16家民营影视机构颁发了这种“含金量”很高的许可证（甲种）。

在2004年的改革中，把“革命”推向高潮的是“横店现象”。① 有学者在总结横店的经验时这样指出：横店镇坐落在浙江中西部的丘陵地带，从拥有的资源来看，它几乎一无是处——没有太多历史沉淀，没有名人故居，没有矿藏，交通也不方便。但从20世纪90年代，导演谢晋拍摄电影《鸦片战争》开始，经过二十多年的发展，横店形成了世界上规模最大的影视拍摄基地，共拍摄影视剧25000多部，占全国影视剧数量的三分之一以上，2011年的影视收入达到33.7亿元。虽然横店作为影视基地的成功不可能再复制，但横店发展文化产业的理念是可以借鉴的：找准文化产业的薄弱环节，积累力量，提供精细化、专业化服务，形成独一无二的人才和产业新高地。② 横店影视产业的发展带动了浙江全省影视文化产业的“异军突起”，截至2011年9月，浙江全省共有影视机构600余家，其中民营机构占98%，成为浙江影视创作的主力军。同年，浙江的电视剧形成产量占全国产量的十分之一，电视剧得奖数目占全国的十分之一，电视剧播出机构购买电视剧资金也占到全国的十分之一。③

---

① 横店影视城肇始于1996年横店集团创始人徐文荣先生为谢晋导演拍摄《鸦片战争》而投资4千多万元建造的“广州街”。在香港回归祖国的1997年7月1日，《鸦片战争》在全球公映，引起巨大反响，横店因此进入众多剧组的视野。此后横店又陆续投资30多亿元，建成了“香港街”“秦王宫”“清明上河图”“红军长征博览城”“华夏文化园”“梦幻谷”“江南水乡”“明清宫苑”等十几个影视拍摄基地和一大批摄影棚。2000年5月，美国南加州大学教授顾尤勒先生游览横店时，被眼前的景象所折服，回国后撰写文章称赞横店为“东方好莱坞，横店影视城”。参见胡天申《一个山区小镇靠什么撬动文化产业——横店影视城给我们的启示》，《今日浙江》2010年第12期。

② 张玉玲：《城镇化，文化产业能做什么?》，《光明日报》2013年3月21日。

③ 鲍丰彩、叶辉：《浙江影视异军突起的奥秘》，《光明日报》2011年9月23日。

（3）音像制品出版、租售单位的设立和经营许可。

2001 年 12 月国务院发布的《音像制品管理条例》第 5 条规定：“国家对出版、制作、复制、进口、批发、零售、出租音像制品，实行许可制度；未经许可，任何单位和个人不得从事音像制品的出版、制作、复制、进口、批发、零售、出租等活动。”第 9 条还规定：“申请设立音像出版单位，由所在地省、自治区、直辖市人民政府出版行政部门审核同意后，报国务院出版行政部门审批……批准的，发给《音像制品出版许可证》，由申请人持《音像制品出版许可证》到工商行政管理部门登记，依法领取营业执照；不批准的，应当说明理由。”

另外，《影像制品管理条例》第 32 条规定：“申请设立全国性音像制品连锁经营单位，应当由其总部所在地省、自治区、直辖市人民政府文化行政部门审核同意后，报国务院文化行政部门审批。申请设立音像制品批发单位，应当报所在地省、自治区、直辖市人民政府文化行政部门审批。申请从事音像制品零售、出租业务，应当报县级地方人民政府文化行政部门审批……批准的，应当发给《音像制品经营许可证》，由申请人持《音像制品经营许可证》到工商行政管理部门登记，依法领取营业执照；不批准的，应当说明理由。”

可见，在我国，无论是音像制品出版单位的设立，还是音像制品租售单位的设立，都实行严格的行政许可制度。

## （三）广播电影电视的内容审查

广播电影电视的内容审查制度与言论或表达自由的关系是传媒法最重要的理论和实践问题之一。社会主义国家的电影审查制度早在苏联初期就已开始探索和构建了。列宁曾于 1922 年 1 月对苏联教育人民委员部（当时摄影和电影局属于该部）发出指示：“教育人民委员部应当对所有影片的放映组织监督，并形成制度。”他建议“对每一份放映计划都应规定一定的比例：（1）专为做广告和赢利的娱乐性影片（当然，不能有黄色和反革命的内容），以及（2）纯属宣传性质的题为《各国人民生活点滴》的影片，例如：英国在印度的殖民政策、国际联盟的活动、柏林的饥民等等”，并明确要求“宣传教育片要送给老一辈马克思主义者和著作家检查，以免重复过去不止一次发生过的那种宣传效果适得其反的可悲怪事”①。1922 年 2 月，列宁又提出，应从拍摄新闻纪录片入手，生产出一批宣传社会主义和共产主义思想、反映苏维埃制度的优越性的新电影。在放映电影时，特别要注意娱乐片和教育片的比例，在群众中推广内容健康的教育片，对娱乐片要审查，不能放映含有淫秽内容的电影。

美国的劳拉·维藤–凯勒博士在她的名著《电影的自由》一书中，把电影审查制度看成是 20 世纪以来言论和表达自由的“天平”。她说：“国家是否忍受了言论拘束的痛苦，或者是否培育了自由的表达方式，在 20 世纪初，当电影突然出现在文化领域后，这一天平（the scales）无疑地倒向了查禁（suppression）。”② 电影审查（film censorship）由此产生。世界上最先建立电影审查制度的是美国，最早从电影审查制向电影分级制转型的也发生在美国。1915 年美国联邦最高法院对慕塔尔电影公司诉俄亥俄州工业委员会一案做出判决，驳斥了慕塔尔电影公司提出的电影应享有宪法保护的言论自由与新闻出版自由权利的请求。法院认定电影的性质为“简单而纯粹的娱乐”，是“奇观或表演秀”，而不是与文学、艺术、哲学等相似的个人表达。③ 1948 年，美国联邦法院判定好莱坞各大电影公司掌控制作、发行、放映的垂直结合行为属于垄断行为，但是在该项反垄断案结案时，关于

---

① 《列宁全集》第 42 卷，人民出版社 1987 年版，第 383 页。

② Laura Wittern-Keller, *Freedom of the Screen: Legal Challenges to State Film Censorship 1915—1981*, The University Press of Kentucky, 2008, p. 1.

③ Stephen Farber, *The Movie Rating Game*, Public Affairs Press, New York, 1972, p. 5.

电影是“简单而纯粹的娱乐”，因而不受宪法第一修正案保护的看法已经受到了质疑，大法官道格拉斯在法庭意见中主张电影也应包括在新闻中并受到第一修正案的保护。真正将电影划归宪法第一修正案保护的判例，应当是1952年的约瑟夫·博斯汀公司诉威尔逊案。20世纪50年代，纽约州政府以“渎圣”罪下令禁演意大利影片《奇迹》(*The Miracle*)，引起了该州多数观众的不满，一些观众把州政府电影检查制度告上了法庭。联邦法院最终判决电影的表达属于言论自由和新闻自由范畴，应受到宪法第一修正案和第十四修正案的保护，但同时指出这并非意味着电影享有完全的自由，并非意味着宪法保护任何电影不受时间、地点限制就可以进行放映。[①] 这一判决出台后，电影审查与电影表达自由之间必然形成冲突，1968年4月22日的同一天在纽约联邦法院和达拉斯联邦法院分别就两个与影视业相关的诉讼做出的判决，为电影分级制的最终确立奠定了基础。在前一案中，纽约联邦法院裁定，成人接触某种东西的权利固然受到宪法的保护，但这些东西对未成年人来说仍然构成“淫秽”，即对成年人的权利与未成年人的权利做出了区分。在达拉斯一案中，联邦法院裁定当地某一机构对上映影片自行分级是不合理的，理由是其分级、分类的标准比较模糊，不易实际操作。[②] 这两个判例在法律上肯定了电影分级制度，存在的问题只不过是如何完善并细化分级标准罢了。1968年，美国电影协会终于推出了基于自愿的电影分级制度，而对于影片如何制作、内容如何表现等问题则规定由导演和制片公司决定，任何团体和个人不得随意干涉。

我国的广播电视电影审查制度虽然不同于美国现行的自愿审查制度，即我国实行政府主导的实质审查，美国推行电影协会

---

① 付永春：《电影审查·分级·表达自由——对美国电影制度的一种考察》,《上海大学学报》(社会科学版) 2007年第5期。

② 孙绍谊：《从审查到分类——解读美国电影分级制度》,《世界电影》2005年第4期。

MPAA（Motion Picture Association of America）分级制，但是在审查的形式和标准上也存在共同点。正如维藤－凯勒博士指出的那样："很少有人会去怀疑电影分级（the movie ratings）：电影总是处于某种控制之下……审查必然地包括在什么是被容许的和什么是危险的两者间画一条线。今天的问题，仍然与1910年一样，即在哪儿画线，谁来画线，用什么权威，在什么监督之下。如马杰里·海因斯（Marjorie Heins）所提议的那样：直到有关暴力行为（violence）和性感（sexuality）适应年轻人的最好方法得到大多数人的满意为止，保护年轻人的审查标准将继续有赖于政治呼吁（political appeal）"。①

**1. 广播电视的内容审查**

我国对广播电视的内容实行实质性内容审查制度。《广播电视管理条例》第33条规定："广播电台、电视台对其播放的广播电视节目内容，应当依照本条例第三十二条的规定进行播前审查，重播重审。"即禁止制作、播放载有下列内容的节目：（1）危害国家的统一、主权和领土完整的；（2）危害国家的安全、荣誉和利益的；（3）煽动民族分裂，破坏民族团结的；（4）泄露国家秘密的；（5）诽谤、侮辱他人的；（6）宣扬淫秽、迷信或者渲染暴力的；（7）法律、行政法规规定禁止的其他内容。

为规范电视剧的审查工作，保证电视剧的正确导向，繁荣电视剧创作，促进电视剧产业的健康发展，广电总局还根据《广播电视管理条例》，于2004年7月发布了《电视剧审查管理规定》，自2004年10月20日起施行。《电视剧审查管理规定》第3条规定："国家广播电影电视总局负责全国的电视剧管理工作。省级广播电视行政部门负责本辖区的电视剧管理工作。"

目前比较突出的问题是如何加强对广播电视广告的审查和监

① Laura Wittern-Keller, *Freedom of the Screen: Legal Challenges to State Film Censorship 1915—1981*, The University Press of Kentucky, 2008, p. 279.

管。《广播电视广告播出管理办法》第七条指出："广播电视广告是广播电视节目的重要组成部分，应当坚持正确导向，树立良好文化品位，与广播电视节目相和谐。"为此，广电总局曾于2009年9月先后颁布了《广播电视广告播出管理办法》① 和《关于加强电视购物短片广告和家居购物节目管理的通知》，2009年12月又下发了《关于电视购物频道建设和管理的意见》，2010年2月又下发了《关于进一步加强广播电视广告审查和监管工作的通知》，对广播电视广告的审查和监管做出了严格的规定。《关于进一步加强广播电视广告审查和监管工作的通知》在"（一）坚决禁止涉性广告"中要求："各级广播电视播出机构要加强广告内容的审检工作，确保导向正确，坚决抵制并自行清理宣传壮阳、

① 《广播电视广告播出管理办法》第八条规定广播电视广告禁止含有下列内容：（一）反对宪法确定的基本原则的；（二）危害国家统一、主权和领土完整，危害国家安全，或者损害国家荣誉和利益的；（三）煽动民族仇恨、民族歧视，侵害民族风俗习惯，伤害民族感情，破坏民族团结，违反宗教政策的；（四）扰乱社会秩序，破坏社会稳定的；（五）宣扬邪教、淫秽、赌博、暴力、迷信，危害社会公德或者民族优秀文化传统的；（六）侮辱、歧视或者诽谤他人，侵害他人合法权益的；（七）诱使未成年人产生不良行为或者不良价值观，危害其身心健康的；（八）使用绝对化语言，欺骗、误导公众，故意使用错别字或者篡改成语的；（九）商业广告中使用、变相使用中华人民共和国国旗、国徽、国歌，使用、变相使用国家领导人、领袖人物的名义、形象、声音、名言、字体或者国家机关和国家机关工作人员的名义、形象的；（十）药品、医疗器械、医疗和健康资讯类广告中含有宣传治愈率、有效率，或者以医生、专家、患者、公众人物等形象做疗效证明的；（十一）法律、行政法规和国家有关规定禁止的其他内容。第九条规定禁止播出下列广播电视广告：（一）以新闻报道形式发布的广告；（二）烟草制品广告；（三）处方药品广告；（四）治疗恶性肿瘤、肝病、性病或者提高性功能的药品、食品、医疗器械、医疗广告；（五）姓名解析、运程分析、缘分测试、交友聊天等声讯服务广告；（六）出现"母乳代用品"用语的乳制品广告；（七）法律、行政法规和国家有关规定禁止播出的其他广告。

提高性功能的医疗、药品、保健品、医疗器械等不良广告。对仍违规播出的，一经发现，总局将直接给予暂停商业广告播出的严肃处理，并向社会公开曝光。”在“（二）加强电视购物短片广告的审查把关”中指出：“加强对电视购物短片广告内容的审查把关，要做到：（1）不得使用主持人做宣传；（2）不得以‘叫卖式’夸张配音、语调、动作等宣传商品；（3）不得使用新闻报道、新闻采访等形式以及新闻素材、资料等宣传商品。”

**2. 电影的内容审查**

《电影管理条例》第24条也规定：“国家实行电影审查制度。未经国务院广播电影电视行政部门的电影审查机构（以下简称电影审查机构）审查通过的电影片，不得发行、放映、进口、出口。”《条例》第25条规定，电影片禁止载有下列内容：（1）反对宪法确定的基本原则的；（2）危害国家统一、主权和领土完整的；（3）泄露国家秘密、危害国家安全或者损害国家荣誉和利益的；（4）煽动民族仇恨、民族歧视，破坏民族团结，或者侵害民族风俗、习惯的；（5）宣扬邪教、迷信的；（6）扰乱社会秩序，破坏社会稳定的；（7）宣扬淫秽、赌博、暴力或者教唆犯罪的；（8）侮辱或者诽谤他人，侵害他人合法权益的；（9）危害社会公德或者民族优秀文化传统的；（10）有法律、行政法规和国家规定禁止的其他内容的。《电影管理条例》第26—29条还规定了电影制片单位和电影审查机构的审查办法。

为规范电影审查工作，提高电影质量，繁荣电影创作，满足广大群众的精神文化需求，推进电影业健康发展，广电总局根据《电影管理条例》，于2006年4月还发布了《电影剧本（梗概）备案、电影片管理规定》，自2006年6月22日起施行。该《管理规定》第12条规定：“国家提倡创作思想性、艺术性、观赏性统一，贴近实际、贴近生活、贴近群众，有利于保护未成年人健康成长的优秀电影。大力发展先进文化，支持健康有益文化，努力改造落后文化，坚决抵制腐朽文化。”第13条再次强调了“电影片禁止载有”的10种情况，第14条列举了“应删剪修改”的9种情形：(1) 曲解中华文明和中国历史，严重违背历史史实；曲解他国历史，不尊重他国文明和风俗习惯；贬损革命领袖、英雄人物、重要历史人物形象；篡改中外名著及名著中重要人物形象的。(2) 恶意贬损人民军队、武装警察、公安和司法形象的。(3) 夹杂淫秽色情和庸俗低级内容，展现淫乱、强奸、卖淫、嫖娼、性行为、性变态等情节及男女性器官等其他隐秘部位；夹杂肮脏低俗的台词、歌曲、背景音乐及声音效果等。(4) 夹杂凶杀、暴力、恐怖内容，颠倒真假、善恶、美丑的价值取向，混淆正义与非正义的基本性质；刻意表现违法犯罪嚣张气焰，具体展示犯罪行为细节，暴露特殊侦查手段；有强烈刺激性的凶杀、血腥、暴力、吸毒、赌博等情节；有虐待俘虏、刑讯逼供罪犯或犯罪嫌疑人等情节；有过度惊吓恐怖的画面、台词、背景音乐及声音效果。(5) 宣扬消极、颓废的人生观、世界观和价值观，刻意渲染、夸大民族愚昧落后或社会阴暗面的。(6) 鼓吹宗教极端主义，挑起各宗教、教派之间，信教与不信教群众之间的矛盾和冲突，伤害群众感情的。(7) 宣扬破坏生态环境，虐待动物，捕杀、食用国家保护类动物的。(8) 过分表现酗酒、吸烟及其他陋习的。(9) 违背相关法律、法规精神的。

我国现行的电影审查制度可以概括为是一种“非禁映则准映”的管理模式，即一部影片只要通过了审查机构的审查就可以在全国任何一家影院上映，不同年龄的观众均可买票入场观看。反之，通不过审查的则不能在任何影院上映。这种管理模式简单明了，便于掌控操作，但对未成年人和成年人观看电影的权利采取了同等保护的做法，容易滋生“一刀切”的弊端。因此，在电影审查制度的发展和改革问题上，理论和实务界一直存在着坚持审查还是引进分级制的争论。

### (四) 我国广播电影电视分级制度的实践

我国广播电影电视分级制度的立法实践始于1989年，当时广播电影电视部下发了《关于对部分影片实行审查、放映分级制度的通知》。《通知》指出："为贯彻落实中共中央中发（1988）14号文件中关于'要建立对影视片的审查定级制度，对中小学生不宜观看的影视作品作出明确规定'的重要指示，保护广大中小学生的身心健康，决定从今年五月一日开始，对部分影片实行分级制度。"《通知》规定，广播电影电视部的电影审查机构——电影事业管理局在分别按标准审查国产和进口影片时，要明确划定以下几种"少年儿童不宜观看"（以下简称"少儿不宜"）的影片：（1）凡有强奸、盗窃、吸毒、贩毒、卖淫等情节的影片；（2）凡有容易引起少年儿童恐怖感的暴力、凶杀、打斗情节的影片；（3）凡表现性爱及性行为情节的影片；（4）凡表现社会畸形现象的影片。《通知》下发后，第一个被贴上"少儿不宜"级别的电影是1988年珠江电影制片厂摄制的电影《寡妇村》。这部影片中虽然没有"性爱及性行为"的镜头，但却有"表现社会畸形现象"的画面，因而被认定为"儿童不宜"。但是，这一审查制度没有坚持多久，2003年12月17日广播电影电视总局发布了《关于公布废止部分广播影视法规性文件的通知》，废止了这一《通知》。

尽管如此，但是在试行电影分级制度的十几年中，电影分级制度引起了社会广泛的议论，从而为我国的电影分级和立法提供了理论和民意基础。这是因为，电影分级制是一项符合我国宪法保障言论自由精神的电影管理制度，而电影的科学化、法制化管理也应该站在维护宪法的建设性立场上。2002年的金鸡百花电影节上，一部有同性恋和乱伦内容的电影《二月四日》被安排在当地一个小学放映，引起轩然大波。这一事件直接促使了一项提案的产生，在2003年3月举行的全国政协会议上，全国政协委员王兴东向大会提交了一份题为《实施"儿童不宜"审定标准，电影产品分级制势在必行》的提案，呼吁有关方面尽早制定和实施电影产品分级制法规。王兴东认为，艺术生产必须以法律为依据，但是由于没有分级制，艺术家在创作中就没有客观、明确的标准和依据，不知道什么是能表现的、什么是不能表现的，如果经常发生影片出来后又被“莫名其妙”地封杀，那么，艺术家的创作权就不能得到有效的保障。另一方面，随着我国加入 WTO，内地不仅要更多地引进外国电影，还要让国产电影更多地走出去。但是，由于我们没有实施电影分级制，在政策规范上没有与国际接轨，因此很多影片我们不敢引进，自己的电影产品也走不出去。西方发达国家从五十多年前就开始实行电影分级制。事实证明，这对电影业的发展起到了重要作用，西方国家电影内容的丰富多彩和电影市场的繁荣规范，很大程度上都与它们较早实施分级制有关。这些意见，得到了包括张艺谋、黄建中、冯小刚等众多电影界知名人士在内的支持和共鸣。有的学者还指出，有了分级制，电视电影的制作公司就可以按照某一级别的标准制作电视剧和电影，就不会出现 2002 年 35 集电视剧《吕布与貂蝉》在播放后，又被紧急叫停整改，耗时一年多、耗资数百万做 4 次修改，[①] 最终改名为《蝶舞天涯》的案例。

笔者认为，我国的广播电影电视分级制是有宪法、法律和法理依据的。众所周知，言论自由（freedom of speech）和表达自由（freedom of expression）作为公民的一项基本权利对人类的进步和文明具有重大意义，世界上越来越多的国家及国际公约对这一人类的普遍性权利做出了保护性规定。我国《宪法》也在第 35 条中明确规定：“中华人民共和国公民有言论、出版、集会、结社、游行、示威的自由。”《宪法》第 47 条还规定：“中华人民共和国公民有进行科学研究、文学艺术创作和其他文化活动的自由。国家对于从事教育、科学、技术、文学、艺术和其他文化事业的公民的有益于人民的创造性工作，给以鼓励和帮助。”广播电影电

① 徐迅：《电视剧生产应该有标准》，《中国广播电视研究》2004 年第 3 期。

视应该属于《宪法》第35条所保护的言论自由的范畴，《宪法》第47条把这一方面的自由表述为“其他文化活动的自由”。因此，广播电影电视作为一项言论自由或表达自由在我国也有着充分的宪法依据。而传统的广播电影电视审查制度则在很大程度上限制了广播电影电视的创作自由，所以应该以广播电影电视的分级制来取代以往的审查制度。① 实际上，我国的广播电影电视分级制也已经有了一定的法律依据，因此，广播电影电视分级制度可以在已有法律、法规和规章的基础上修订，也可以在修改现有法律、法规和规章的基础上，单独制定一个广播电影电视分级规章。

首先，我国的《未成年人保护法》第32条明确规定：“国家鼓励新闻、出版、信息产业、广播、电影、电视、文艺等单位和作家、艺术家、科学家以及其他公民，创作或者提供有利于未成年人健康成长的作品。出版、制作和传播专门以未成年人为对象的内容健康的图书、报刊、音像制品、电子出版物以及网络信息等，国家给予扶持。”第34条又规定：“禁止任何组织、个人制作或者向未成年人出售、出租或者以其他方式传播淫秽、暴力、凶杀、恐怖、赌博等毒害未成年人的图书、报刊、音像制品、电子出版物以及网络信息等。”我国的《预防未成年人犯罪法》第32条更进一步规定：“广播、电影、电视、戏剧节目，不得有渲染暴力、色情、赌博、恐怖活动等危害未成年人身心健康的内容。广播电影电视行政部门、文化行政部门必须加强对广播、电影、电视、戏剧节目以及各类演播场所的管理。”同法第54条还规定了罚则：“影剧院、录像厅等各类演播场所，放映或者演出渲染暴力、色情、赌博、恐怖活动等危害未成年人身心健康的节目的，由政府有关主管部门没收违法播放的音像制品和违法所

① 冯雁鹏：《言论自由视角下电影分级制的宪法学审视》，《西部法学评论》2009年第6期。

得，处以罚款，并对直接负责的主管人员和其他直接责任人员处以罚款；情节严重的，责令停业整顿或者由工商行政部门吊销营业执照。”可以说，我国现有的法律已经规定了未成年人不宜的广播电影电视产品的种类和笼统标准，即主要包括渲染“淫秽”“暴力”“凶杀”“恐怖”和“赌博”等内容。另一方面，我国的《广播电视管理条例》第32条中规定，禁止制作、播放载有“宣扬淫秽、迷信或者渲染暴力的”节目。《电影管理条例》第25条中规定，电影片禁止载有“宣扬淫秽、赌博、暴力或者教唆犯罪的”内容。把《广播电视管理条例》《电影管理条例》等内容审查方面的规定与《未成年人保护法》《预防未成年人犯罪法》的相关规定相比照，我们可以得出这样的结论：作为法律的《未成年人保护法》和《预防未成年人犯罪法》规定的仅仅是不得向未成年人传播渲染“淫秽”“暴力”“凶杀”“恐怖”和“赌博”等内容的广播电影电视节目，对成年人并未做出限制规定。而作为行政法规的《广播电视管理条例》和《电影管理条例》则对包括未成年人在内的所有人的广播电视电影内容审查做出了规定，没有对未成年人和成年人的区别做出规定，这种做法是违背我国立法中下位法与上位法的关系原则的，即行政法规不得与有关法律的规定相抵触。① 因此，如果要在现有的法律法规条件下形成一个我国的广播电视电影分级制也是可行的，其办法是修改《广播电视管理条例》《电影管理条例》和其他规章的有关规定，对未成年人和成年人的审查标准分别做出规定。

另一个制定广播电影电视分级制的办法就是在修改现有法律、法规和规章的基础上，单独制定一个分级标准。目前，社会各界，特别是学界探讨建议的电影分级制就属于这一立法的范

① 我国《立法法》第56条规定：“国务院根据宪法和法律，制定行政法规”，行政法规可以就“为执行法律的规定需要制定行政法规的事项”等做出规定。同法第87条中又明确规定，“下位法违反上位法规定的”，应由有关机关“予以改变或者撤销”。

畴。其中，主张将电影分成三级的呼声比较大，即主张将我国的电影分为三个级别：普通级，这是老少咸宜的普通影片；一般限制级，有一定的特殊内容，限制15岁以下少儿观看；严格限制级，禁止18岁以下的未成年人观看。这种想法参考了我国香港特别行政区《电影检查条例》的规定，[①] 有一定的现实意义。但是，作者认为以年龄来划分观看电影级别的办法，应该与我国《民法通则》规定的民事行为能力的年龄相一致，我国《民法通则》第11条和第12条规定，18周岁以上的公民是成年人，具有完全民事行为能力；16周岁以上不满18周岁的公民，以自己的劳动收入为主要生活来源的，视为完全民事行为能力人；10周岁以上的未成年人是限制民事行为能力人，可以进行与他的年龄、智力相适应的民事活动，其他民事活动则由他的法定代理人代理或同意；不满10周岁的未成年人是无民事行为能力人，由他的法定代理人代理民事活动。因此，以年龄论民事行为能力，可以分为18周岁以上、16周岁以上不满18周岁、10周岁以上的未成年人和不满10周岁的未成年人四种情况。与此相适应，我国的广播电视电影分级制也可以分为四级，如一级为适合于所有人观看的普通级；二级为限制不满10周岁的未成年人观看的限制级；三级为限制16周岁以下公民观看的限制级；四级为限制18周岁以下公民观看的成人级。另一方面，在我国《刑法》中，以年龄论刑事责任的情况则分为18周岁以上，已满16周岁，已满14周

① 香港地区1988年11月10日生效的新《电影检查条例》把核准上映的电影分为三个级别：Ⅰ级，适合任何年龄的人观看。Ⅱ级，儿童不宜观看。其中ⅡA级影片可能使用轻微不良用语和少量裸体、性暴力及恐怖内容，建议由家长指导；ⅡB级，影片可能有一些粗俗用语及性相关的用语，可含蓄地描述性行为及在情欲场面中出现裸体，可能有中度的暴力及恐怖内容，强烈建议家长给予指导。Ⅲ级，只准18岁（含）以上年龄的人观看。

岁不满 18 周岁，不满 14 周岁等四种不同的情况。① 由于不同年龄的人观看电影，首先或主要是一个民事行为，涉及犯罪的属于少数或特殊情形，因此采用《民法通则》规定的不同民事行为能力的年龄段来划分电影级别具有较多的合理因素。

在亚洲，电影分级采取四级制的还有日本②和我国的台湾③，

① 我国《刑法》第 17 条规定：已满 16 周岁的人犯罪，应当负刑事责任。已满 14 周岁不满 16 周岁的人，犯故意杀人、故意伤害致人重伤或者死亡、强奸、抢劫、贩卖毒品、放火、爆炸、投毒罪的，应当负刑事责任。已满 14 周岁不满 18 周岁的人犯罪，应当从轻或者减轻处罚。因不满 16 周岁不予刑事处罚的，责令他的家长或者监护人加以管教；在必要的时候，也可以由政府收容教养。因此，以年龄论刑事责任，可以分为 18 周岁以上、已满 16 周岁、已满 14 周岁不满 18 周岁、不满 14 周岁四种不同的情况。

② 日本映画伦理管理委员会，简称映伦，是日本电影审查的权威机构，1949 年初建时隶属于日本影像制作者联盟（政府承认的公益法人组织，相当于美国的 MPAA），1957 年之后改组独立。独立后的映伦吸收了电影界以外的人士参加影片的审查。映伦成立之初，日本的电影分级制度尚未成熟，大致上只分成“一般”和“成人”（18 岁以下禁止），电影院对于入场观众的管制也并不严格。在 1976 年，电影分级加入了“R 指定”，规定 15 岁以上才能独自进场观看电影。映伦 1998 年制定的电影分级则采取四级制：一般影片，不限年龄；PG—12：适合 12 岁未满（小学生以下），建议成人伴随观赏；R—15：15 岁未满（中学生以下）禁止入场；R—18：18 岁未满禁止入场。与美国的电影分级制不同的是：在日本，所有的影片必须经过映伦的审查之后方可上映。

③ 台湾地区的《电影片分级处理办法》第 2 条将经检查核定准演的影片分为四级——普通级（简称“普”级）：一般观众皆可观赏；保护级（简称“护”级）：未满 6 岁的儿童不得观赏，6 岁以上未满 12 岁的儿童须父母、师长或成年亲友陪伴辅导观赏；辅导级（简称“辅”级）：未满 12 岁的儿童不得观赏，12 岁以上未满 18 岁的少年需父母或师长辅导观赏；限制级（简称“限”级）：未满 18 岁的人不得观赏。1999 年台湾新闻局依据《电视节目分级处理办法》实行的电视节目分级也以此方式作为分级，2004 年新闻局发布的《出版品及录音节目带分级办法》也用类似方式分级。

尽管它们分级的年龄标准与我国《民法通则》规定的民事行为能力的年龄段不同，但是在保护未成年人的关切与细致点上，可以说存在异曲同工之处。另外，电影大国美国、法国等的分级制度，实际上也呈现出四级制的某些特征。并非强制性的美国电影协会（MPAA），除了两种特殊的分级以外，一般把送审的影片分为 G、PG、PG—13、R 及 NC—17 级，其中 R 和 NC—17 级都是针对 17 岁以下未成年人的。① 法国的电影作品分级委员会虽然将电影分为三种等级：禁止不满 12 岁儿童观看的影片、禁止不满 16 岁青少年观看的影片和众所周知的 X 级影片。但是，还规定有 TP 级影片，即所有人可以观看的影片和对某些内容保持警惕的 TP + avert 级。

与美国、法国等国家地区的电影分级制相比，日本的电影分级制比较值得我们参考。这不仅是因为在形式上日本的电影分级制与我国现有和应有的根据年龄分级的想法比较接近，而且在内容上日本电影分级中的“暴力”“淫秽”等标准也具有东方特征。日本早期的电影分级主要着重于管制裸露及性行为的画面，对于暴力、恐怖片的管制不甚重视。20 世纪 90 年代后，由于发生了一系列震撼社会的恐怖杀人案件，日本电影伦理管理委员会

---

① 美国现行的电影分级制成型于 1968 年，确立于 1990 年。MPAA 一般将电影分为：G 级（GENERAL AUDIENCES，All ages admitted），即大众级，所有年龄均可观看；PG 级（PARENTAL GUIDANCE SUGGESTED，Some material may not be suitable for children），建议在父母指导下观看，有些内容不适宜儿童；PG—13 级（PARENTS STRONGLY CAUTIONED，Some material may be inappropriate for children under 13），强力劝告在父母指导下观看，有些内容不适合 13 岁以下的儿童；R 级（RESTRICTED，Under 17 requires accompanying parent or adult guardian），即 17 岁以下必须由父母或监护人陪伴才能观看；NC—17 级（NO ONE 17 AND UNDER ADMITTED），即禁止 17 岁和 17 岁以下的人观看。参见［美］唐·R. 彭伯《大众传媒法》，张金玺、赵刚译，中国人民大学出版社 2005 年版，第 451 页。

开始注重暴力和恐怖电影的分级问题。这一过程与我国过去的电影审查比较重视“淫秽”与否的问题而忽视“暴力”与否的问题有同病同源的感觉。另一方面，中日两国的视听媒体所面临的分级问题也有相似之处。以往，日本的成人影片（AV 光盘）是由作为民间团体的“日本录像带伦理协会”“日本媒体伦理协会”或“日本影像软件制作贩卖伦理机构”来审查的，而成人游戏软件（H—GAME）则是由同样作为民间团体的“计算机软件伦理机构”或“计算机娱乐分级机构”等来审查。由于审查的民间机构太多，而且审查标准也不统一，因此从 2006 年 4 月起，日本政府开始将这些电影、录像带和游戏软件的各民间审查团体进行整合，打算将审查标准统一。在我国，同样也存在着广播、电视、电影、游戏软件和网络的审查机构和审查标准不一致的现实，同样面临着统一审查标准的制度构建问题。日本的电影、录像带和游戏软件的统一审查制度构建，有值得我们借鉴的因素。另外，日本电影电视中的“停播”和“禁播”制度也有值得我们参考的地方。2009 年 8 月 8 日，日本明星酒井法子因吸毒被捕，在她自首的前一天，她主演的电影《审判》遭到了最高法院的停播。《审判》是为了宣传日本司法改革成果之一的陪审员制度而制作的，酒井法子在该影片中饰演担任陪审员的主妇。日本最高法院称鉴于向酒井法子发出了逮捕令和受到权利侵害等因素，决定停播该电影。这一决定的法律依据是日本《放送法》（即广播法），该法的第 4 条规定：“因不真实的广播而受到权利侵害的当事人或其直接关系人，在节目播出后的三个月以内提出要求时，广播事业者应进行事实的再调查，如判明确属不实内容，则须在判明之日起 2 日内，进行订正或取消广播。”另外，“广播事业者发现播出节目中有不真实内容时，亦与前项同”。并且，“前二项的规定，不妨碍民法规定的损害赔偿请求”①。日本这种以法律形式规定“停播”和“禁播”的做法是值得我们在广播电影电视立法中加以参考的。

2010 年 1 月，为了深入贯彻党的十七大关于推进社会主义文化大发展大繁荣的重大部署，认真落实中央应对国际金融危机、保持经济平稳较快发展、加快文化产业发展的决策部署，促进电影产业的繁荣发展，国务院发布了《国务院办公厅关于促进电影产业繁荣发展的指导意见》。提出的总体目标是：“到 2015 年底，通过改革创新、加大投入、加快发展，建立健全市场公平竞争、企业自主经营的电影产业运营体系，市场运作、企业经营、政府购买、群众受惠的电影公共服务体系，依法行政、科学调控、保障有力、管理有效的电影行政管理体系和覆盖城乡的电影数字化发行放映网络，全面提高电影的创作生产能力、经营管理能力、科技创新能力、公共服务能力和国际传播能力，多出精品、多出人才、多出效益，不断满足城乡群众日益增长的精神文化需求。”并具体为电影事业的发展设定了目标：“电影经济总量年均增长速度达到 20% 以上，同时带动相关产业发展，衍生产业链条明显加长，综合效益显著增长，使电影产业成为我国服务业的重要组成部分。”《意见》还提出了加快电影产业繁荣发展的 10 项措施：大力繁荣创作生产、积极培育新型企业、继续扩大院线经营规模、大力支持城镇数字影院建设、鼓励加大投融资政策支持、积极推动科技创新、全面加强公共服务、努力增强国际影响力、不断完善监管体系、大力加强队伍建设。这无疑将成为我国电影产业发展的一针兴奋剂。按照有的学者分析，2009 年我国国民经济的增长率是 8.3%，文化产业的增长率是 17%，而电影则超过了 35%。在电影取得骄人业绩的情况下，《指导意见》依然把增强

① 日本民间放送联盟编：《日本广播电视手册》，秦建、李俊译，中国广播电视出版社 2002 年版，第 111 页。

中国电影的市场竞争力放在电影发展的中心位置，表明国家对于电影产业的战略诉求始终没有偏移市场化的轨迹。[①] 美国电影协会2013 年年初发布的2012 年电影市场年度报告显示，从2012 年起我国已经超过日本成为全球第二大电影市场，仅次于美国。根据中国产业调研网发布的《2015—2020 年中国电影市场现状研究分析与发展趋势预测报告》，2014 年我国城市影院数量达到 2803 家，新增银幕 4225 块，同比增长 9.8%，总银幕数已达 22420 块，相比 2013 年同期数据，增幅达 31.88%。2014 年我国电影总票房达 296.39 亿元，同比增长 36.15%。2014 年我国共上映影片 388 部，其中国产片 308 部，产生票房 161.55 亿元，占总票房的 54.51%；进口片 80 部，票房 134.84 亿元。

我国以电影产业为龙头带动相关文化产业发展的电影产业政策与英国的电影产业政策——“以电影电视业推动整个文化产业”[②] 有异曲同工之处。现在所缺少的是国际上一些通用的激励机制和法律规范。如有的学者指出，对于电影产业最实在的改革措施应该是内容监管上的突破，内容监管突破的最主要措施就是分级。[③] 尽管国内有官员认为，在电影分级的实践中“目前还没有看到非常成功的经验，包括在国外一些发达的电影国家”，因此主张“目前不适宜推进电影分级制”[④]。笔者认为，正因为在电影分级制的推行与否问题上有不同的意见，理论研究和适当的实践才变得更有现实意义。再说上述持“不适宜”意见的官员也

---

① 贾磊磊、肖庆：《增强中国电影战略力量》，《中国社会科学报》2010 年 5 月 25 日。

② 汪方华：《英国电影产业政策：以电影电视业推动整个文化产业》，《中国社会科学报》2011 年 3 月 17 日。

③ 陈汉辞：《国务院发文支持国产电影：经济总量年均增速要达 20% 以上》，《第一财经日报》2010 年 1 月 26 日。

④ 文静、邓杭：《目前不适宜推进电影分级制》，《京华时报》2010 年 8 月 20 日。

将自己的意见限定在了“目前”的位置上，并没有说永远不适宜、永远不推行之类的话。笔者认为，随着我国经济文化的发展和研究的深入，电影分级制也将成为进一步繁荣发展我国电影电视产业的“良药”。

2011 年 12 月 15 日，国务院法制办公布了《中华人民共和国电影产业促进法（征求意见稿）》（以下简称《征求意见稿》）。《征求意见稿》在降低准入门槛、严禁虚构票房、放映时间不得插广告、加强公益服务等方面做出了严格规定，但未涉及电影分级。2015 年 12 月，全国人大常委会在中国人大网上公开了业经第 12 届全国人大常委会第 17 次会议初次审议的《中华人民共和国电影产业促进法（草案）》（以下简称《草案》），继续向社会公开征求意见。《草案》第 20 条规定了“电影不得含有”的八项内容，[①] 但仍未涉及电影分级。由于电影分级是国际惯例，因此《草案》在电影审查与分级问题上尚未表示出与国际接轨的意向。笔者认为，正是在这样的背景下，法律人的意见和建议才显得“有的放矢”，才能把电影审查分级制度的问题回归到电影“事物的本性”上来。

---

① 《电影产业促进法（草案）》第 20 条规定，电影不得含有下列内容：（一）违反宪法确定的基本原则，煽动抗拒或者破坏宪法、法律、行政法规实施；（二）危害国家统一、主权和领土完整，泄露国家秘密，危害国家安全，损害国家荣誉和利益；（三）诋毁民族优秀文化传统，煽动民族仇恨、民族歧视，侵害民族风俗习惯，歪曲民族历史或者民族历史人物，伤害民族感情，破坏民族团结；（四）宣扬宗教狂热，危害宗教和睦，伤害信教公民宗教感情，破坏信教公民和不信教公民团结，宣扬邪教、迷信；（五）危害社会公德，扰乱社会秩序，破坏社会稳定，宣扬淫秽、赌博、吸毒，渲染暴力、恐怖，教唆犯罪或者传授犯罪方法；（六）侵害未成年人合法权益或者损害未成年人身心健康；（七）侮辱、诽谤他人或者散布他人隐私，侵害他人合法权益；（八）法律、行政法规禁止的其他内容。

陈根发，男，1964年4月出生，1985年毕业于南京大学经济系，1987年毕业于中国政法大学法律系（双学士），1988年通过律师资格考试，1989年初开始从事专职律师工作。1991年赴日本留学，1994年毕业于北海道大学研究生院，获民商法硕士学位。2001年考入中国人民大学研究生院，2004年获得中国人民大学法学理论博士学位。曾在日本、美国、加拿大从事律师研修工作和访学数年。2004年10月调入中国社会科学院法学研究所工作。现任中国社会科学院法学研究所法治战略研究部秘书长，中国社会科学院文化法制研究中心副主任、研究员，中国社会科学院研究生院法学系教授等职。著有《司法与传媒》《宽容的法理》《论日本法的精神》《当代日本法学思潮与流派》等，发表论文一百余篇。